中国省级财政透明度状况（2018）

中国省级财政透明度指数（2018）

概览

我国政府财政信息公开程度究竟如何？

中国省级财政透明度指数（2018）描述了我国各省（自治区、直辖市）2016年度的财政信息向公众公开的程度。项目组在财政部以及有关管理部门要求各地方财政或部门编制的决算报表中选择了46张代表性报表，加上本项目组设计的17张补充表，共同作为本项目调查的问卷；通过网上搜索、公开出版物检索以及向政府信息公开办公室、财政厅（局）、人力资源和社会保障厅（局）、国有资产监督管理委员会和省政府办公厅等11个部门申请三种途径了解这些财政信息的公开情况。结合政府部门对信息申请回复的态度，项目组对各省（自治区、直辖市）的信息公开状况进行了综合评分。评分结果在指数化处理后被绘制成右图，以便能直观地了解我国政府财政信息的公开程度和差距。项目组将满分情况指数化为100，各省、直辖市、自治区的指数值为其实际得分与满分的比值乘以100得到的数值。

分组说明

- 60～70
- 50～60
- 40～50
- 40以下

根据各省（自治区、直辖市）财政透明度最终得分情况，项目组将各被调查单位分为四组。其中，第一组信息公开指数在60～70之间，第二组信息公开指数在50～60之间，第三组信息公开指数在40～50之间，第四组信息公开指数在40以下。

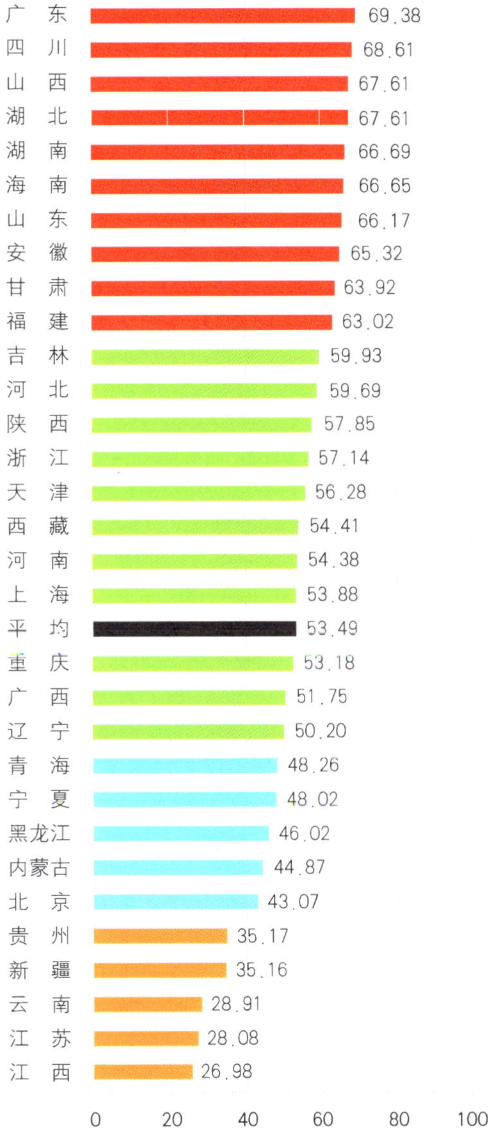

2014—2018年省级财政透明度各信息要素的得分情况

序号	信息要素	2018年	2017年	2016年	2015年	2014年
1	一般公共预算基金	66.52	57.50	55.15	48.77	39.85
2	政府性基金	56.90	47.90	43.91	39.30	37.81
3	财政专户管理资金	4.36	4.68	12.54	20.49	18.46
4	国有资本经营预算基金	56.22	43.64	43.05	34.80	25.63
5	政府资产负债	21.40	17.71	11.96	9.68	5.53
6	部门预算及相关信息	44.21	47.32	35.50	27.32	19.03
7	社会保险基金	59.26	49.11	38.76	30.69	32.58
8	国有企业基金	57.94	57.78	49.27	41.94	45.63
9	被调查者态度	83.42	77.27	80.87	70.01	68.70

2014—2018年省级财政透明度状况基本统计指标

指　标	2014年	2015年	2016年	2017年	2018年
最高分	59.37	57.01	65.53	70.01	69.38
最低分	11.52	19.44	23.71	25.50	26.98
中位数	29.39	36.92	41.33	49.89	54.41
平均数	32.68	36.04	42.25	48.27	53.49
相对差异	2.07	1.69	1.52	1.46	0.76
基尼系数	0.21	0.17	0.16	0.15	0.13
最高/最低	5.15	2.93	2.76	2.75	2.57

上海市“十三五”重点图书出版规划项目

2018
中国财政透明度报告

——省级财政信息公开状况评估

上海财经大学公共政策研究中心

上海财经大学出版社

图书在版编目(CIP)数据

2018中国财政透明度报告:省级财政信息公开状况评估/上海财经大学公共政策研究中心编.—上海:上海财经大学出版社,2018.11

ISBN 978-7-5642-3164-4/F·3164

Ⅰ.①2… Ⅱ.①上… Ⅲ.①地方财政-财政管理-研究报告-中国-2018 Ⅳ.①F812.7

中国版本图书馆CIP数据核字(2018)第262419号

□责任编辑 江 玉
□封面设计 张克瑶

2018中国财政透明度报告

——省级财政信息公开状况评估

上海财经大学公共政策研究中心

上海财经大学出版社出版发行
(上海市中山北一路369号 邮编200083)
网 址:http://www.sufep.com
电子邮箱:webmaster @ sufep.com
全国新华书店经销
江苏凤凰数码印务有限公司印刷装订
2018年11月第1版 2018年11月第1次印刷

710mm×960mm 1/16 11.5印张(插页:3) 206千字
定价:68.00元

2018 中国财政透明度报告

项目组组长:

曾军平　副教授　　上海财经大学公共经济与管理学院

项目组副组长:

温娇秀　副教授　　上海财经大学公共政策研究中心
吕凯波　讲　师　　浙江工商大学金融学院

项目组成员(按姓氏拼音为序):

邓淑莲　教　授　　上海财经大学公共经济与管理学院
蒋　洪　教　授　　上海财经大学公共政策研究中心
刘　倩　讲　师　　上海商学院
刘小兵　教　授　　上海财经大学公共经济与管理学院
庞保庆　讲　师　　上海大学社会学院
彭　军　教　授　　美国亚利桑那大学(University of Arizona)
任超然　讲　师　　华东理工大学社会与公共管理学院
王　聪　讲　师　　上海理工大学管理学院
杨丹芳　副教授　　上海财经大学公共经济与管理学院
姚　远　老　师　　上海财经大学公共经济与管理学院
郑春荣　教　授　　上海财经大学公共经济与管理学院

序　言

2018年是新修订的《中华人民共和国预算法》(以下简称新《预算法》)实施后的第四年,《中国财政透明度报告》的发布也进入了第十个年头。新《预算法》首次将我国政府的财政信息公开写进法律,为财政信息公开提供了法律保障。在新《预算法》的保驾护航下,我国省级政府财政透明度进步明显,信息公开的程度已由2009年占被调查信息的20%左右提高到2018年的53.5%,9年里增长了一倍多。各级政府对财政信息公开的态度也逐渐从被动转为主动,按照法律要求,越来越规范地公开各类财政信息,中国的财政信息公开正以前所未有的大好形势向前推进。

政府信息公开透明是国家良好治理的基本要求,也是现代社会的重要特征。财政信息则是核心的政府信息,以财政信息公开透明推动法治政府和责任政府的建设,可以收到事半功倍的效果。中共十八届四中全会明确提出依法治国的理念。依法治国,建立法治国家,已纳入我国建设现代国家的议事日程。2016年2月17日,中共中央办公厅、国务院办公厅印发《关于全面推进政务公开工作的意见》,指出"公开透明是法治政府的基本特征,全面推进政务公开,让权力在阳光下运行,对于发展社会主义民主政治,提升国家治理能力,增强政府公信力、执行力,保障人民群众的知情权、参与权、表达权、监督权具有重要意义"。中共十九大将建立规范透明的预算制度作为加快完善社会主义市场经济体制的重要内容。财政信息的公开透明一方面可以推动政府按照现有法律制度行事,即依法行政,另一方面又可以发现现有制度规定的不足,从而有利于完善现有法律制度。

相对于财政信息公开的显著作用以及公众对财政信息公开的期待,现实的财政信息公开工作仍显不足,"仍存在公开理念不到位、制度规范不完善、工作力度不够强、公开实效不理想等问题”。正因为如此，我们对省级政府财政透明度的调查评估和报告才愈发彰显其积极意义，项目组成员才能在克服重重困难的情况下，认真仔细地做好每一份年度报告。

我们尽可能认真细致地做好调查提纲的设计、信息搜集和统计评分工作，以便客观公正地反映出各省份财政透明度状况。尽管如此，缺点和失误仍在所难免。我们热切地期待各方对我们的工作提出宝贵意见和建议。评分只是用我们所选择反映各省份财政透明度大体状况的方式，在任何意义上都谈不上精确。我们希望各省份信息公开部门、财政部门能看到差距，积极地改进信息公开工作，使得我国的财政透明度水平不断向前推进。分数不是最重要的，构建阳光财政，保障人民的知情权，规范公权力的运行，建设法治国家，实现人民当家作主和民富国强，才是我们共同关注并为之努力的目标。

“中国财政透明度报告”项目组
2018 年 10 月

目　录

1 总报告

《2018 中国财政透明度报告》是上海财经大学“中国财政透明度评估”项目组自 2009 年进行省级财政透明度调查评估以来发布的第十份年度评估报告。

本报告向大家展示的内容包括在 2017 年一年的时间里，我国各方力量对政府财政信息公开的推动和努力，以及省级政府及其部门对 2016 年决算信息公开情况的报告。

1.1 省级财政透明度的评估方法

项目组依然采取以往几年的调查方式，即通过向有关部门提出政府信息公开申请、网络搜索和文献检索等多种方式全方位调查省级财政信息的公开程度。

1.1.1 调查问卷的设计

与前几年的调查提纲完全保持一致，2018 年省级财政透明度调查问卷根据财政部统一颁布、要求编制的“2016 年度财政总决算报表”和“2016 年度部门决算报表”设计而成。为尽可能全面系统地考察我国财政透明度状况，项目组还根据国际财政信息公开规范设计了一些目前我国财政部门尚未统一填报的表格（如公共财政支出决算经济分类明细表、公共财政支出决算部门分类明细表、本级政府直属企业主要指标表和部门各项目支出按经济分类的决算明细表等），作为财政部以及有关管理部门要求各地方财政或部门编制的决算报表的补充。财政部要求编制的决算表格和项目组设计的决算表格两者共同构成了2018年省级财政透明度的调查项目。

1.1.2 数据获取与评分指标体系设计

在得到各地财政厅（局）、人力资源和社会保障厅（局）、国有资产监督管理委员会、政府信息公开办公室以及11个省级部门（省政府办公厅、省人大等）反馈信息的同时，项目组还搜集整理了各省份[①]政府官方网站、报纸杂志、财政年鉴、统计年鉴公开的财政信息，最终得到各省份所有已公开在一级信息要素下的二级财政信息要素；然后，将所有财政信息要素按不同性质归集到9项一级信息要素（其中一个为态度评分），每个部分权重被列为一级权重，一级权重设计与前几年评估项目各部分的权重保持一致：一般公共预算基金调查28项信息，占省级财政透明度得分比重为25%；政府性基金调查27项信息，占省级财政透明度得分比重为8%；财政专户管理资金调查27项信息，占省级财政透明度得分比重为4%；国有资本经营预算基金调查27项信息，占省级财政透明度得分比重为2%；政府资产负债调查7项信息，占省级财政透明度得分比重为9%；部门预算调查26项信息，占省级财政透明度得分比重为15%；社会保险基金调查14项信息，占省级财政透明度得分比重为19%；国有企业基金调查8项信息，占省级财政透明度得分比重为15%；被调查者态度得分占省级财政透明度得分比重为3%。

1.2 省级财政透明度评估的总体情况

图1—1展示了2014年以来省级财政透明度得分的最高分、最低分和平均分情况。从中可以看出，我国省级财政透明度这几年来呈现不断上升的趋势：2018年31个省份财政透明度的平均得分为53.49分，比2017年的平均分48.27分增长了10.8%，进步明显；从整体趋势上看，最高分和最低分这几年也呈现向上提升的趋势。尽管如此，从总体上看，我国省级政府决算信息公开的情况仍不理想：其一，仍有将近50%的调查信息没有公开，而财政透明度最低的省份仅公开了不到30%的调查信息；其二，最高分与最低分的增长有

---

① 此处“省份”表示省级行政区划单位，具体包括省、自治区、直辖市。列入本项目调查范围的仅指中国内地31个省份，下同。

趋缓和(或)下降的苗条。

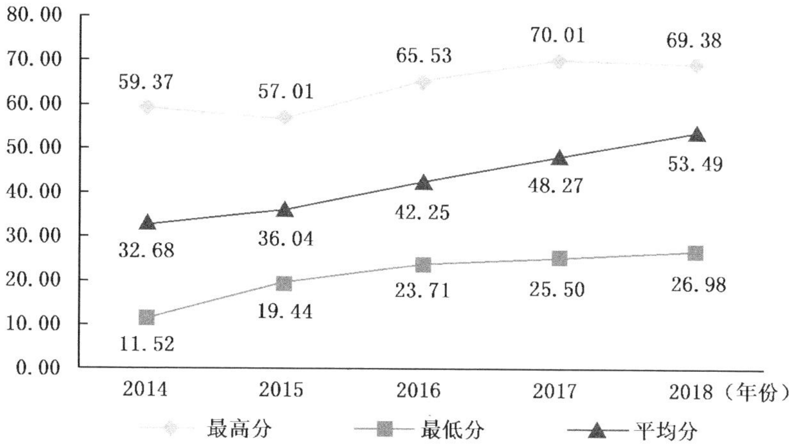

资料来源:本项目组根据调查评估所得数据绘制而成,下同(另有注明的除外)。

图 1—1　省级财政透明度评估得分(2014—2018)

1.3　省级财政透明度评估的分省份分析

从公开的主体来看,31 个省份之间的财政透明度存在明显差异,见表 1—1。就我们所评估的信息,2018 年财政透明度得分最高的广东省公开了将近 70%的调查信息,四川、山西、湖北、湖南、海南、山东、安徽、甘肃、福建这 9 个省份的财政透明度得分也都在 60 分以上;而与此同时,云南、江苏、江西这 3 个省份的财政透明度得分却不到 30 分,不到领先省份的一半,另有贵州、新疆这两个省份的财政透明度得分没有超过 40 分。

表 1—1　　　　中国省级财政透明度排行榜(2018)

排名	省份	财政透明度得分		得分变化	排名	省份	财政透明度得分		得分变化
		2018 年	2017 年				2018 年	2017 年	
1	广东	69.4	52.8	+16.6	17	河南	54.4	55.0	−0.6
2	四川	68.6	66.6	+2.0	18	上海	53.9	55.9	−2.1
3	山西	67.6	56.2	+11.4	19	重庆	53.2	40.8	+12.4
4	湖北	67.6	25.5	+42.1	20	广西	51.7	49.4	+2.4
5	湖南	66.7	64.9	+1.8	21	辽宁	50.2	61.7	−11.5

续表

排名	省份	财政透明度得分		得分变化	排名	省份	财政透明度得分		得分变化
		2018 年	2017 年				2018 年	2017 年	
6	海南	66.6	36.6	+30.0	22	青海	48.3	28.8	+19.5
7	山东	66.2	70.0	−3.8	23	宁夏	48.0	56.3	−8.3
8	安徽	65.3	65.7	−0.4	24	黑龙江	46.0	52.2	−6.1
9	甘肃	63.9	68.2	−4.3	25	内蒙古	44.9	52.8	−8.0
10	福建	63.0	58.2	+4.8	26	北京	43.1	44.5	−1.4
11	吉林	59.9	37.8	+22.1	27	贵州	35.2	33.0	+2.2
12	河北	59.7	36.4	+23.3	28	新疆	35.2	49.9	−14.7
13	陕西	57.8	27.2	+30.6	29	云南	28.9	47.4	−18.5
14	浙江	57.1	37.2	+19.9	30	江苏	28.1	55.1	−27.0
15	天津	56.3	40.2	+16.0	31	江西	27.0	37.4	−10.4
16	西藏	54.4	32.7	+21.7	31 个省份平均		53.5	48.3	+5.2

资料来源:本项目组根据调查评估所得数据绘制而成,下同(另有注明的除外)。

不仅省际之间财政透明度存在明显差异,单个省份自身的财政透明度在不同年份之间也存在较大差异,这是省级财政透明度自评估以来就呈现出的突出特点。一方面,有的省份的得分有显著的提升,比如湖北、陕西和海南,其得分分别从 2017 年的 25.5 分、27.2 分和 36.6 分,上升到 2018 年的 67.6 分、57.8 分和 66.6 分,分别增加了 42.1 分、30.6 分和 30 分。相应地,其省际排名也显著上升,分别提升了 27 位、17 位和 19 位。另一方面,有的省份的得分在 2018 年有较大幅度的下降,比如江苏,其得分从 2017 年的 55.1 分下降到 2018 年的 28.1 分,下降了 27 分,这使得其排名也显著下降,从 2017 年的第 11 名下降为 2018 年的倒数第 2 名。

1.4 省级财政透明度评估的分项目分析

省级财政透明度评估分为 9 项信息要素进行评分,各项得分情况如表 1—2 所示。按得分从高到低排序,依次是被调查者态度(83.42 分)、一般公共预算基金(66.52 分)、社会保险基金(59.26 分)、国有企业基金(57.94 分)、政府性基金(56.90 分)、国有资本经营预算基金(56.22 分)、部门预算及相关信息(44.21 分)、政府资产负债(21.4 分)和财政专户管理资金(4.36 分)。在 9

项信息要素中，被调查者态度得分最高，得分率超过80%，说明大部分政府部门能够积极回应项目组的信息（公开申请）；财政专户管理资金的信息公开情况最差，得分不到5分，这反映了相关部门仍然忽视对财政专户管理资金的信息统计和公开。

表1—2　　　　中国省级财政各信息要素透明度评估结果(2018)

地区	一般公共预算基金	政府性基金	财政专户管理资金	国有资本经营预算基金	政府资产负债	部门预算及相关信息	社会保险基金	国有企业基金	被调查者态度
北京	75.00	33.33	0.00	33.33	0.00	42.00	26.19	47.50	86.35
天津	76.32	72.22	0.00	72.22	51.02	44.20	27.29	75.00	77.25
河北	74.34	61.11	0.00	50.00	0.00	46.90	76.19	75.00	81.80
山西	75.00	72.22	12.12	72.22	51.02	45.50	73.81	87.50	86.35
内蒙古	29.50	27.78	0.00	38.89	0.00	37.10	76.19	80.00	81.80
辽宁	68.42	66.67	0.00	66.67	0.00	39.20	76.19	25.00	77.25
吉林	75.00	72.22	0.00	72.22	0.00	38.50	76.19	75.00	81.80
黑龙江	51.86	33.33	0.00	44.44	0.00	43.70	45.77	75.00	100.00
上海	53.95	27.78	0.00	44.44	0.00	53.10	72.29	87.50	81.80
江苏	31.47	27.78	0.00	34.44	0.00	42.00	23.81	25.00	90.90
浙江	75.00	61.11	0.00	61.11	51.02	47.60	76.19	25.00	77.25
安徽	75.00	72.22	0.00	72.22	51.02	42.00	76.19	75.00	90.90
福建	76.32	72.22	0.00	72.22	51.02	47.90	57.72	75.00	90.90
江西	30.92	25.00	0.00	11.11	0.00	42.00	23.81	25.00	81.80
山东	58.55	66.67	11.11	72.22	51.02	60.80	76.19	87.50	100.00
河南	47.37	33.33	0.00	33.33	51.02	42.00	76.19	75.00	86.35
湖北	74.21	61.11	27.78	61.11	51.02	47.00	76.19	87.50	86.35
湖南	76.32	72.22	0.00	72.22	51.02	51.70	76.19	75.00	77.25
广东	76.32	72.22	0.00	72.22	51.02	51.40	78.57	87.50	90.90
广西	73.68	61.11	0.00	44.44	0.00	42.00	38.28	75.00	90.90
海南	75.00	72.22	0.00	72.22	51.02	42.00	76.19	87.50	72.75
重庆	73.68	72.22	0.00	72.22	0.00	38.50	41.68	75.00	86.35
四川	100.00	72.22	28.66	44.44	0.00	51.70	76.19	75.00	77.25
贵州	52.96	27.78	0.00	5.56	0.00	57.30	23.81	25.00	90.90
云南	38.16	27.78	0.00	44.44	0.00	37.80	23.81	25.00	77.25
西藏	85.09	72.22	0.00	72.22	0.00	38.50	76.19	25.00	63.65

续表

地区	一般公共预算基金	政府性基金	财政专户管理资金	国有资本经营预算基金	政府资产负债	部门预算及相关信息	社会保险基金	国有企业基金	被调查者态度
陕西	73.68	72.22	0.00	72.22	51.02	44.40	76.19	25.00	90.90
甘肃	89.04	72.22	55.56	72.22	51.02	47.20	76.19	25.00	77.25
青海	65.79	61.11	0.00	61.11	0.00	35.70	75.17	25.00	77.25
宁夏	76.32	61.11	0.00	61.11	0.00	42.70	38.28	43.75	86.35
新疆	57.89	61.11	0.00	63.89	0.00	28.00	23.81	25.00	68.20
平均	66.52	56.90	4.36	56.22	21.40	44.21	59.26	57.94	83.42

1.4.1 一般公共预算基金透明度评估

表1—3表明，自2014年以来，省级一般公共预算基金透明度的水平是逐年提升的。2018年，31个省份一般公共预算基金透明度平均百分制得分为66.52分，这意味着31个省级政府作为一个整体，公开了所调查项目中接近70%的信息，第一次超出60分的及格水平，并第一次出现了得分为100分的情形。该项信息是项目组调查的9项信息要素中公开程度位列第2名的项目。在该项调查中，四川省得分最高，为100分，即公开了全部的被调查信息；而内蒙古、江西两省得分接近30分。前者是后者的3倍多。省际之间的信息公开差异明显。

表1—3　　中国省级财政各信息要素透明度评估平均得分(2104—2018)

年份	一般公共预算基金	政府性基金	财政专户管理资金	国有资本经营预算基金	政府资产负债	部门预算及相关信息	社会保险基金	国有企业基金	被调查者态度
2018	66.52	56.90	4.36	56.22	21.40	44.21	59.26	57.94	83.42
2017	57.50	47.90	4.68	43.64	17.71	47.32	49.11	57.78	77.27
2016	55.15	43.91	12.54	43.05	11.96	35.50	38.76	49.27	80.87
2015	48.77	39.30	20.49	34.80	9.68	27.32	30.69	41.94	70.01
2014	39.85	37.81	18.46	25.63	5.53	19.03	32.58	45.63	68.70

比较各信息要素的得分情况，我们还发现：其一，政府预算不同层级之间信息公开状况有一定的差异，省级政府一般公共预算基金信息公开状况显著好于地市级、区县级、乡镇级。其二，公共预算收入透明度调查项目的信息公开状况好于支出项目；在公共预算支出透明度调查项目中，功能类支出项目的信息公开状况显著好于经济类支出项目。其三，公共预算透明度调查项目的

预算科目越明细，信息公开状况越差。

1.4.2 政府性基金透明度评估

31个省份2018年省级政府性基金透明度平均百分制得分为56.90分，而2014—2017年的这一评估结果分别为37.81分、39.30分、43.91分和47.90分（参见表1—3）。这意味着与一般公共预算基金的得分趋势相同，近几年我国省级政府性基金透明度也是不断提高的。但同时我们也可以看到，我国政府性基金透明度水平还有很大的提升空间。毕竟，此项信息的透明度得分从整体上来看还是没有达到及格水平。

从公开主体看，政府性基金透明度并列最高的是天津、山西、吉林、安徽、福建、湖南、广东、海南、重庆、四川、西藏、陕西与甘肃这13个省份，其百分制得分为72.22分。政府性基金透明度并列最低的省份是江西，其百分制得分仅为25分。比较政府性基金透明度排名表中信息公开最好的省份与信息公开最差的省份，我们发现两者相差47.22分，省际之间在信息公开程度上存在着较大的差异。

1.4.3 财政专户管理资金透明度评估

在所考察的9类信息中，财政专户管理资金的透明度评分是最为特殊的。其一，在9项信息要素中评分最低，平均得分仅为4.36分，不足5分。在31个省份中，只有甘肃、四川、湖北、山西和山东这5个省份提供了部分信息，其他省份的得分均为零。其二，整体呈现下降趋势，从2014年、2015年的20分左右下降到2018年的4.36分（参见表1—3）。这其中的原因，主要与这几年财政专户的管理制度变革有关。2015年印发的《财政部关于加强和规范地方财政专户管理的指导意见》要求各地财政部门在2016年4月前撤销不符合《预算法》和国务院有关文件规定的财政专户。2017年印发的《财政部关于全面落实地方财政专户清理整顿工作有关事宜的通知》（财库〔2017〕175号）规定地方存量财政专户允许保留7种常规类专户和12种专项支出类专户，此外，凡是不符合规定范围和管理要求的[①]，均须在2017年11月底之前撤销。根据相关的规定，2014年度财政决算不再要求编制“财政专户管理资金收入明细表”“财政专户管理资金支出功能分类明细表”“财政专户管理资金收支分级表”“财政专户管理资金收支平衡表”。财政部2015年度政府决算编制要求

① 《财政部关于全面清理规范地方财政专户有关事宜的通知》（财库〔2017〕79号）对各种财政专户的保留条件作了明确规定，并对可以保留的7种常规类专户和12种专项支出类专户作了详细说明。

则进一步取消了所有与财政专户管理资金相关的决算表格。受此影响，相关单位往往也就未提供调查所需要的相关信息。

1.4.4 国有资本经营预算基金透明度评估

2018年国有资本经营预算基金透明度水平较2017年有了明显的提升。2018年，国有资本经营预算基金的百分制平均得分为56.22分(参见表1—3)，信息公开度首次超过50%，尽管仍未达到及格水平，但相比于2017年的43.64分，提升幅度较大。2018年有16个省份加大了国有资本经营预算基金信息的公开力度，得分有所增长，表明国有资本经营预算基金管理得到了进一步改善。

在整体水平提升的同时，评估结果表明：省级政府之间信息公开存在较大的差异。2018年排名并列第1名的13个省份，得分为72.22分，但与此同时，江西和贵州2个省份公开信息比例未超过20%(得分小于20分)。部分省份得分与排名波动幅度比较大，说明国有资本经营预算基金信息公开在技术上没有障碍，政府在信息公开方面有着随意性。

另外，在具体的信息项方面，国有资本经营预算支出经济分类透明度有待提升。2018年，仅有新疆维吾尔自治区1个省份公开了省本级国有资本经营预算支出经济分类的相关信息，而其他省份均未公开任何国有资本经营预算支出经济分类的信息，这也造成了本部分最高得分停滞不前的局面。究其原因，可能与我国经济收支分类科目的局限性以及制度要求有关。2017年8月9日，财政部发布了关于印发《支出经济分类改革方案》的通知，正式确定于2018年1月1日起实施，改革内容包括：根据政府和部门预算管理的不同特点和管理需要，完善现有支出经济分类科目，同时新增政府预算支出经济分类科目，两套科目之间保持相互对应的关系。因本年度透明度评估依据的是2016年财政决算信息，故此项改革成效尚不能完全得以体现，但我们也期待改革后的经济分类收支信息公开情况的大幅提升与改善。

1.4.5 政府资产负债透明度评估

从整体上看，2018年，政府资产负债的透明度状况仍旧是比较差的：一是尚有将近一半的省级政府不公开资产负债信息，不公开的理由有多种，甚至没有理由。二是公开的信息残缺不全。只公开了金融资产信息，没有公开非金融资产信息；只公开了短期债务，没有公开长期债务；只公开了政府账面上的债务，没有公开各种融资平台上的债务。这不仅反映了政府资产负债信息透明度不高，也反映了政府资产负债管理上的混乱。这使得2018年该项信息的得分相对较低，31 个省份政府资产负债透明度平均百分制得分仅为 21.40 分，在所评估的 9 大类信息中排在倒数第二位(参见表 1—2、表 1—3)。

当然，从发展趋势来看，正如表 1—3 所显示的，最近几年，政府资产负债的透明度得分是逐年提升的，从 2014 年的 5.53 分增长至 2018 年的 21.4 分，增长了将近 3 倍。特别地，本届政府已对政府资产负债管理提出了明确的要求，各级政府都在编制政府财务报告，或为编制政府财务报告做准备。期待在不久的将来迎来政府资产负债管理的改善和信息透明度的提高。

1.4.6 部门预算及相关信息透明度评估

2018 年，我国省级政府部门预算及相关信息透明度基本上维持不断进步的势头，但透明度整体水平依旧比较低，且有停滞甚至是倒退的迹象。其一，与 2017 年一样，省级政府部门预算及相关信息 2018 年的透明度得分均超过 40 分，整体上维持了不断增长的势头。其二，在肯定政府信息公开进步的同时，我们也应该看到，由于我国的财政信息公开依旧处于起步阶段，尽管部门预算及相关信息的公开近年来都有一定进展，但受各方面因素的限制，透明度整体水平还比较有限，不超过 50 分，依旧没有达到及格水平，离中共十八届三中全会所提出的“透明政府”“透明财政”目标还有很大的距离。特别值得注意的是，相比 2017 年，2018 年的得分还有下降的趋势。

在主体结构方面，研究表明：其一，在省级结构方面，从得分最高省份与最低省份的得分相对比值来看，省际间差异依旧很大。2018 年，得分最高的山东的得分(60.8 分)是得分最低的新疆的得分(28 分)的 2.2 倍。但省际的相对差异在一定程度上有缩小的趋势。其二，在部门结构方面，与 2014 年、2015 年和 2016 年的情况基本一样，伴随着政府的努力，尤其是中央的示范性做法，公开部门预决算信息的单位并不只是局限于狭义的行政部门。在调查中我们发现，尽管有些省份的人大部门依旧明确表示人大并没有公开其部门预算的责任，但有相当一部分的省级人大和政协在网上主动公开其部门预决算的信息。在本项目组 2018 年的调查中，除了吉林和新疆的省级人大和湖北省政协之外，其他 58 个单位(省级人大和政协)均公开了其部门预决算的信息。在这一背景下，与 2017 年一样，2018 年人大和政协这两大部门与其他部门的差异并不是十分明显，特别是与排在后面的行政部门相比。其三，受管理体制及我国财政透明度制度规则局限等方面因素的影响，国税部门的透明度得分是最低的，且呈下降趋势。自 2015 年开始，随着人大和政协分数的提升，国税部门的分数开始在 11 个部门中排名垫底，其相对地位发生了变化。2018 年的情况与 2015 年、2016 年、2017 年的情况相同，国税部门的得分只有 5.6 分，排名最后一位。

在客体结构方面，与以往年度的评估有一定不同，2018 年，类、款、项等方面的层次性差异并不是非常大，在诸多时候，上一级次信息的透明度与下一级次信息的透明度水平相同。客体结构差异的特征主要体现在不同性质信息透明度水平的差异上，主要体现在两个方面：其一，收支信息（主要是支出方面的信息）相比资产信息、人员安排与机构配置等方面信息的透明度明显要高；其二，支出信息内部的结构性差异：按经济性质分类的信息透明度得分要远低于按功能分类的信息透明度得分。这说明按经济性质分类信息的公开难度大，尤其是项目支出按经济分类的信息。因此，促进按经济性质分类的明细信息的公开，既是预算信息公开不断进步的趋势，也是未来部门预算信息公开的难点所在，更是我们在今后的改革中必须要直接面对和需要解决的问题。

1.4.7 社会保险基金透明度评估

总的来看，2018 年社会保险基金透明度状况全国有喜有忧，喜的是总体得分增长明显，31 个省份的平均得分从 2017 年的 49.11 分升为 2018 年的 59.26 分；忧的是平均得分仍不及格，且各省份得分悬殊很大，大致可以分为三类：

（1）得分较高的省份：广东、河北、内蒙古、辽宁、吉林、浙江、安徽、山东、河南、湖北、湖南、海南、四川、西藏、陕西、甘肃、青海、山西、上海 19 个省份得分均超过 70 分，分数较为接近。被扣分的项目主要是“养老基金的长期收支预测”“社会保险基金收支分级信息”，其他调查信息基本上都公布了。这也说明本项目组的评分标准较为宽松，要达到 70 分是比较容易的。值得称赞的是，广东省财政部门在基本的财政报表以外，还主动公布了包含所有地级市数据的 5 张表：“2016 年广东省社会保险基金收入情况表”“2016 年广东省社会保险支出情况表”“2016 年广东省社会保险基金结余情况表”“2016 年广东省社会保险职工参保情况表”“2016 年广东省社会保险调剂金上缴完成情况表”。要着重指出的是，广东省在“2016 年广东省社会保险基金结余情况表”中公布了省本级（调剂金）以及各地级市的养老保险统筹基金与个人账户基金的数据，这是非常重要的信息，因为我国长期以来个人账户基金被部分挪用给统筹基金使用，个人账户基金的实际余额很少公布。

（2）公布少量信息，但得分不及格的省份（得分在 30～59 分）：福建、黑龙江、重庆、广西和宁夏 5 个省份公布了少量的信息，但未能及格。

（3）公布信息太少，得分较低的省份（得分低于 30 分）：按得分高低分别是天津、北京、江苏、江西、贵州、云南和新疆 7 个省份。这些省份中不乏有经济实力非常强的省份，其政府效率在国内排名前列，如此不重视社会保险基金信息公开，实在令人遗憾。

1.4.8 国有企业基金透明度评估

2018年国有企业基金透明度评分总体情况尚可，有18个省份及格，其百分制得分为57.94分，与2017年的57.78分基本持平。但平均分仍然不及格，反映了部分省份做得较差，拖了全国平均分的后腿。表1—2的数据表明：透明度高的省份与透明低的省份形成极大的反差，呈现“两头大、中间小”的格局。有18个省份达到75分或超过75分，同时，有11个省份得分仅为25分，这些省份除了公布国有企业的收入、费用、利润总额、资产、负债及所有者权益总额等6项总体信息外，再无其他信息公开了。

从动态的角度来看，与2017年相比，江苏、辽宁、云南、甘肃、宁夏5个省份的国有企业基金透明度得分出现大幅下降，主要原因是这些国有资产、国有企业信息在以往年度被该省份工作人员认定为是可以公开的，而在本年度却认为不能公开。与此同时，山西、湖北、海南、吉林、河北和广东等的得分出现较大幅度上升，弥补了其他省份得分下降，结果导致今年31个省份总分基本没有变动。

1.4.9 被调查者态度评估

31个省份2018年省级政府财政透明度态度的评估得分整体上较为理想。31个省份的平均得分为83.42分，比上年得分(77.27分)有所提升。所有省份的态度得分都在及格线以上。其中，黑龙江与山东两个省份的态度得分达到100分；安徽、福建、广东、广西、贵州、江苏、陕西7个省份的态度得分在90分以上；北京、河南等11个省份的态度得分在80分以上；甘肃、湖南等9个省份的态度得分在70分以上；新疆与西藏这两个省份的态度得分在60分以上。

从一般信息公开申请的回复情况及态度评估情况来看，每个省份各有两个或两个以上部门对本项目组的政府信息公开申请给予了回复，各省份财政透明度态度的评分高达100分。这说明各省份的态度较为良好。当然，尽管各省份的态度评分均很高，但根据项目组的评分标准，一个省份的态度得分为100分，并不意味着4个部门都要对信息公开申请给予答复，而只需要两个部门给予答复就够了，这样其实掩盖了一些问题：有部门没有给予答复，该省份的态度得分依旧是满分。就所调查的124个部门来说，其实有21个部门是没有答复的。按照此标准，所有部门的态度评分其实只是83.1分(＝103/124×

100)。在未给予答复的21个部门中,绝大部分是人力资源和社会保障厅(局)和国有资产监督管理委员会,分别有10个和9个,所占比重高达47.6%和42.9%。

从部门预算信息公开申请的回复情况及评估的情况看,在2018年341个省级行政部门的财政透明度调查中,有228个部门对项目组的政府信息公开申请作出了回应,并就是否公开相关信息给予明确的答复,平均得分为66.8分。就行政部门政府信息公开申请回复情况而言,省际之间存在明显差异。黑龙江和山东这两个省份的回复情况最好,所申请的11个部门全部对信息公开申请给予了回复。而西藏只有3个部门处理了项目组的财政信息公开申请。

就行政部门政府信息公开申请回复情况的部门结构而言,财政、环保、工商与卫生等部门的回复情况较好,80%以上的省份以电话或电子邮件或信件传真的方式回复了财政信息公开申请;交通、政府办公厅和国税、地税的回复情况其次;人大办公厅和政协办公厅的回复情况最差。

1.5 基本结论

对于2018年的省级财政透明度调查评估,我们有以下基本结论:

第一,我国省级政府财政透明度继续保持逐年提高的趋势。31个省份的平均百分制得分从最初评估的2014年的32.68分上升到2018年的53.49分,我国省级财政透明度得分稳步上升,成绩显著。这种明显的进步是人大、政府、学界以及社会民众各方努力推动的结果,是中国建设现代财政制度、走向现代国家治理的必经之路。尽管如此,至今我国省级财政透明度的整体水平依然很低,31个省份的平均得分还不到60分。

第二,财政透明度在省际之间仍然存在较大差距。2018年财政透明度平均百分制得分最高的广东省公开了将近70%的调查信息,而云南、江苏、江西三省的财政透明度得分却接近30分,不到领先省份信息公开水平的一半。

第三,单个省份的财政透明度在不同年份呈现明显的不稳定态势。湖北、陕西和海南,其得分分别从2017年的25.5分、27.2分和36.6分,上升到2018年的67.6分、57.8分和66.6分,分别增加了42.1分、30.6分和30分。相应地,其省际排名也显著上升,分别提升了27位、17位和19位。而江苏的得分从2017年的55.1分下降到2018年的28.1分,下降了27分,这使得其排名也显著下降,从2017年的第11名下降为2018年的倒数第2名。

第四,不同调查信息的透明度有很大不同。按得分从高到低排序,依次是被调查者态度(83.42 分)、一般公共预算基金(66.52 分)、社会保险基金(59.26 分)、国有企业基金(57.94 分)、政府性基金(56.90 分)、国有资本经营预算基金(56.22 分)、部门预算及相关信息(44.21 分)、政府资产负债(21.40 分)和财政专户管理资金(4.36 分)。在 9 项信息要素中,被调查者态度得分最高,得分率超过 80%,说明大部分政府部门能够积极回复项目组的政府信息公开申请;财政专户管理资金的信息公开情况最差,得分不超过 5 分,这反映了相关部门仍然忽视对财政专户管理资金的信息统计和公开。

2　2017年政府信息公开进程

2017年是《中华人民共和国政府信息公开条例》(以下简称《政府信息公开条例》)开始实施的第十年，在《政府信息公开条例》的要求和各方的共同努力下，推动信息公开已成为社会的共识。在过去的一年里，政府部门、民间组织和社会公众仍然一如既往地推进政府信息公开，此外，中共中央也积极参与到推动信息公开的建设中来。

2.1　中共中央的行动

2.1.1　《中国共产党党务公开条例(试行)》发布

2017年11月30日，中共中央政治局会议审议通过了《中国共产党党务公开条例(试行)》(以下简称《党务公开条例》)，这是中共十九大后发布的首部条例，也是党务公开领域的首部基础主干法规。这对于推进全面从严治党，加强党内监督，充分调动全党积极性、主动性、创造性具有重要意义。它为做好党务公开工作提供了基本遵循，有利于推进党务公开工作制度化、规范化、程序化。

《党务公开条例》规定了党务公开应当遵循的原则、公开的内容和范围、公开的程序方式以及部署落实等重要内容。其中第二章明确规定了公开的内容

本章由温娇秀、石群、赵逸凡、詹璟、余文静共同完成。

和范围，这可以从两个角度来理解，一个是党务公开主体，一个是党务内容。公开主体分为三类：一是党的中央组织、地方组织、基层组织，二是党的纪律检查机关，三是党的工作机关、党委派出机关、党委直属事业单位、党组等。这三类主体基本上涵盖了党的各级各类组织，有利于实现全党党务公开工作全覆盖、无死角。需要指出的是，以往关于党务公开的文件主要是对地方和基层党组织党务公开工作进行部署和规范，这次的《党务公开条例》把党的中央组织也纳入其中，充分彰显了我党自觉自信、开放透明的崭新姿态，充分体现了党中央以身作则、以上率下的责任担当。党务内容包括宏观和微观两个层面，既涉及经济的大方向，同时又涉及党的内部信息公开。

在公开的程序和方式方面，《党务公开条例》设置了“提出—审核—审批—实施”的程序环节，并规定了各个环节的主体及其职责规定。党的组织及其工作部门要严格按照程序要求，认真审查研究，严格审批把关，把握好公开内容的必要性和准确性，确保党务公开工作规范高效。此外，《党务公开条例》还规定，党组织应当根据党务公开的内容和范围，结合自身实际合理确定公开方式，要注意优先使用党报党刊、电台电视台、重点新闻网站等党的媒体进行发布，还要建立和完善党委新闻发言人制度，探索建立统一的党务信息公开平台，增强党务公开的权威性和影响力。

2.1.2　中办、国办深入推进领导干部个人有关事项报告制度

2017年，中共中央办公厅（简称“中办”）、国务院办公厅（简称“国办”）修订印发了《领导干部报告个人有关事项规定》（简称新《规定》）和《领导干部个人有关事项报告查核结果处理办法》（简称新《办法》）。与2010年印发实施的《关于领导干部报告个人有关事项的规定》相比，新《规定》对报告对象的范围作了适当调整：中央企业领导班子成员及中层管理人员，省（自治区、直辖市）、市（地、州、盟）管理的国有企业领导班子成员，都要如实上报“家事、家产”，而在2010年印发实施的规定中则是“大型、特大型国有独资企业、国有控股企业（含国有独资金融企业和国有控股金融企业）的中层以上领导人员和中型国有独资企业、国有控股企业（含国有独资金融企业和国有控股金融企业）的领导班子成员”。另外，新《办法》强调了“凡提必核”，即提拔领导干部须核实其申报的个人有关事项。

尽管新《规定》中报告的内容仍然是八项“家事”、六项“家产”，但在一些具体项目上作了进一步明晰、补充完善，个别项目合并调整。其中，更加突出了与领导干部权力行为关联紧密的家事、家产情况，比如，在“本人、配偶、共同生活的子女持有股票”一项中，就补充了“期权激励”的内容。此外，还要求申报

国(境)外的存款和投资等。此次修订是领导个人事项报告制度的升级,配偶、子女情况成为重点。对于领导个人子女,需要报告其境内外的投资、经营、存款状况以及关于从业、婚姻等的变更情况。

2.2 政府部门的行动

2.2.1 国务院的行动

(1)《政府信息公开条例》首次大修,严格限定不公开信息范围

2017年6月6日,国务院法制办公室公开了《中华人民共和国政府信息公开条例(修订草案征求意见稿)》(以下简称《征求意见稿》),明确将"以公开为常态、不公开为例外"的原则写入条例,规定"除法律、行政法规另有规定外,政府信息应当公开"。《征求意见稿》确定了政府信息公开的范围,并要求行政机关采取主动公开及依申请公开两种方式公开政府信息,具体内容如下:

第一,限定不公开的政府信息范围。一方面,《征求意见稿》明确了五类可不予公开的政府信息:一是公开后可能对国防、外交、国家安全、领土完整、民族团结等国家利益产生不利影响的信息;二是公开后可能影响重大经济金融政策的有效实施、信息安全或者造成经济金融市场异常波动的信息;三是经地方同级人民政府确认,公开后可能在一定范围内危害公共安全、社会稳定的信息,或者涉及民族、宗教、侨胞等事项公开后可能造成不利影响的信息;四是行政机关内部的工作流程、人事管理、后勤管理等有关行政机关内部事务的信息;五是行政机关在行政决策过程中形成的内部讨论记录、过程稿,以及行政机关之间的磋商信函、请示报告等过程信息,且公开后可能会影响公正决策或者行政行为正常进行。另一方面,《征求意见稿》确定了两类不得公开的政府信息:"行政机关不得公开涉及商业秘密的政府信息,涉及他人身份、通讯、健康、婚姻、家庭、财产状况等个人隐私的政府信息,但经权利人同意或行政机关认为不公开可能对公共利益造成重大影响的除外。"

第二,以两种方式公开其他政府信息。《征求意见稿》指出:"对于涉及公众利益重大调整、需要公众广泛知晓,以及需要公众参与公共决策的相关政府信息,行政机关应当主动公开。"《征求意见稿》还要求各级人民政府逐步建立统一的政府信息公开平台,并在国家档案馆、公共图书馆、政务服务场所设置政府信息查阅场所,配备相应的设施、设备,为公民、法人和其他组织获取政府信息提供便利。此外,《征求意见稿》指出:"除行政机关主动公开政府信息外,公民、法人和其他组织可以向具有公共事务管理职能的国务院部门、地方各级

人民政府及具有公共事务管理职能的县级以上地方人民政府部门申请获取相关政府信息。”

尽管《征求意见稿》进步很大，但仅修订《政府信息公开条例》仍无法满足现实需要。其一，《政府信息公开条例》的适用范围仅为行政机关，不包括立法机关、司法机关、政党、社会团体等主体，相关信息的公开不够充分；其二，《政府信息公开条例》属于行政法规，受到《中华人民共和国保密法》、《中华人民共和国档案法》等上位法的限制，在政府信息公开涉及与法律相冲突的解释问题时，其权威性及解释力明显不足，因而对行政机关的约束力有限。2017 年 3 月，国务院办公厅发布《国务院 2017 年立法工作计划》，将修订《政府信息公开条例》列为全面深化改革急需的立法项目，即《政府信息公开条例》暂时不会升格为法律。而为解决上述问题，建议全国人大尽快启动制定《中华人民共和国政府公开法》，为政府信息公开提供法律依据。

(2)发布《2017 年政务公开工作要点》，公开、解读、回应三位一体

2017 年 3 月 23 日，国务院办公厅发布《2017 年政务公开工作要点》(以下简称《工作要点》)，对以政务公开助力稳增长、促改革、调结构、惠民生、防风险和增强政务公开实效六部分的内容提出明确要求。2017 年是国务院办公厅连续第六年发布政务公开工作要点，与过去分散的工作推进状态不同，今年的工作要点在加强政策解读、回应社会关切环节更具操作性，核心要点如下：

第一，重点领域细化公开。《工作要点》提出“按月公开全国财政收支情况，解读财政收支增减变化情况及原因、预判财政收入走势，主动解释说明收支运行中可能引发社会关注的热点问题”，并要求按周发布国内批发市场价格、国际农产品价格等信息，提供更及时、权威的农产品市场信息，有利于推进农业供给侧结构性改革。此外，《工作要点》对社会关注的重点民生类信息也提出了明确的公开要求。如实行环境保护例行新闻发布会制度，开展城市水环境质量排名工作，“每年公布水质最好和最差的城市名单”；加快建立统一规范、准确及时的房地产市场信息定期发布机制等。

第二，权威解读主动出击。《工作要点》要求：“围绕积极的财政政策、稳健的货币政策和更加积极的就业政策，国务院有关部门负责同志要通过参加国务院政策例行吹风会、新闻发布会等方式，深入解读政策并及时准确将政策意图传递给市场和企业，以政策解读的‘透’赢得市场预期的‘稳’。”这代表着政务公开工作将从被动公开，不断发展为及时了解群众需求点后的主动出击。

第三，热点回应大大提速。《工作要点》提出：“严格执行特别重大、重大突发事件最迟 5 小时内发布权威信息、24 小时内举行新闻发布会的时限要求，落实通报批评和约谈制度，确保回应不超时、内容不敷衍。”这将有助于提升回

应度，让政务公开从发布型走向回应型，不断提升政务公开的时效和实效。

在政务公开工作中，信息公开仅是第一步，权威解读、重点回应环节不可或缺。此次《工作要点》充分体现了公开、解读、回应三位一体的理念和要求，让群众对政务公开更有亲切感、对政策信息更有获得感。

(3)公布《开展基层政务公开标准化规范化试点工作方案》，全国百县启动政务公开标准化试点

2017年5月9日，国务院办公厅公布《开展基层政务公开标准化规范化试点工作方案》(以下简称《工作方案》)，确定在北京市、安徽省、陕西省等15个省份的100个县(市、区)，重点围绕城乡规划、重大建设项目等25个方面开展基层政务公开标准化规范化试点工作，旨在摸索出一套可操作的政务信息公开标准，并在全国推广。今后，因基层政府网站信息公开滞后、发布内容晦涩难懂而造成百姓办事难的现象将有望改变。

《工作方案》要求试点单位依据权责清单和公共服务事项全面梳理政务公开的内容，同时确定每个具体事项的公开标准，在此基础上汇总编制政务公开事项的标准目录。试点工作要坚持需求导向、重点突破、标准引领等原则，紧密联系实际，力争通过一年时间试点，形成可复制、可推广、可考核的基层政务公开标准和规范，不断提升基层政务公开能力，打通政务服务的“最后一公里”。国务院办公厅也将跟踪了解试点工作的进展情况，对试点工作进行总结评估，以此为基础提出在全国基层政府推广的意见，并对在试点工作中成效突出的地方给予通报表扬。

(4)发布《机关团体建设楼堂馆所管理条例》，机关办公用房审批及监督检查情况应予公开

2017年10月5日，国务院发布《机关团体建设楼堂馆所管理条例》(以下简称《条例》)，要求“机关团体新建、扩建、改建、购置办公用房以及培训中心等各类具有住宿、会议、餐饮等接待功能的场所和设施严格履行审批程序，严格执行建设标准”。审批机关、财政部门、审计机关、监察机关需按照各自职责加强对建设楼堂馆所活动的监督检查和绩效评价。除依法应当保密的情形外，下列两方面的信息应当通过政府网站等便于公众知晓的方式公开：

第一，在办公用房项目审批情况方面，《条例》要求机关团体公开建设单位名称、批准理由、建设内容、建设规模及投资概算等情况。若增加投资概算的，还应当公开增加投资概算的情况和理由。

第二，在监督检查情况方面，《条例》要求对发现的违法建设楼堂馆所的单位名称、基本事实及处理结果等情况予以公开，且规定任何单位和个人都有权向监督检查机关举报违反《条例》规定的行为。

(5)印发《关于推进重大建设项目批准和实施领域政府信息公开的意见》,推进重大建设项目批准和实施领域的信息公开

2017 年 12 月 15 日,国务院办公厅印发《关于推进重大建设项目批准和实施领域政府信息公开的意见》(以下简称《意见》),将重大建设项目的批准和实施领域的政府信息公开作为全面推进政务公开工作的重要内容。这将加强重大建设项目的外部监督,促进项目运作的规范化,有利于维护公共资金的安全和有效运营。《意见》主要明确了以下四项主要任务:

第一,突出公开重点。《意见》要求在重大建设项目批准和实施过程中,重点公开批准服务信息、批准结果信息、招标投标信息、征收土地信息、重大设计变更信息、施工有关信息、质量安全监督信息及竣工有关信息等八类信息。

第二,明确公开主体。《意见》明确由批准重大建设项目和有关要件的各级政府和有关部门分别公开批准服务信息、批准结果信息,由招标人或有关行政监督部门公开招标投标信息,并由辖区政府和有关部门公开征收土地信息。

第三,拓展公开渠道。《意见》要求各级政府和有关部门通过政府公报、政府网站、新媒体平台、新闻发布会等及时公开各类项目信息,并及时地回应公众关切。

第四,强化公开时效。《意见》要求:"自政府信息形成或变更之日起 20 个工作日内予以公开;确定为依申请公开的,应严格按照法定时限答复申请人;除法律法规另有规定外,行政许可、行政处罚事项应自作出行政决定之日起 7 个工作日内上网公开。"

2.2.2 中央各部门的行动

(1)百余家中央部门集中公布部门预决算

2017 年 4 月 7 日,共计 105 家中央部门集中公布其部门预算,这也是中央部门预算连续第八年向社会公开。2017 年,中央部门首次公开重点项目情况,科学技术部、教育部、环境保护部等 10 个部门向社会公开了 10 个重点项目的项目文本等信息,包括国家重点研发计划、教育部高层次人才计划专项经费项目、环保部大气水土壤污染防治行动计划实施管理项目等。在公开重点项目情况的同时,中央部门也公开了项目支出的绩效目标,这一举措有两大益处:其一,有利于资金使用单位在年度预算执行完毕后开展绩效自评;其二,有利于财政部和相关中央部门开展绩效再评价,促进部门完善政策、健全管理,改进预算编制办法。

2017 年 7 月 21 日,财政部首先公布其 2016 年度部门决算,以此为始,一年一度的中央部门决算公开拉开序幕,共计 103 个中央部门公开了收支账本

及部门决算。2017年是中央本级连续第七年向社会公开部门决算，各部门均公开了收入支出决算总表等8张部门决算收支表，并对各分项决算情况作出了具体说明，主动回应社会关切。此外，中央部门首次对资金使用情况和项目完成效果进行了全面梳理，对未完成绩效目标的原因进行了分析，形成了项目执行情况的“成绩单”和“体检表”。这不仅有利于提升政府部门的公信力，也有利于促进各部门重视财政资金的使用绩效，加强对财政资金的管理。

(2)财政部的行动

①全国收费目录清单公布，清单外项目不得收费。

自2017年6月29日起，财政部官网设立“全国政府性基金和行政事业性收费目录清单”专栏，向社会公众集中公布中央和31个省(自治区、直辖市)的政府性基金、行政事业性收费、涉企行政事业性收费三个目录清单，其中包括收费项目、政策依据、执收部门及资金管理方式等内容。社会公众均可以自主地在财政部官网中一站式查询相关收费是否合法。

在全国收费目录清单公布后，财政部拟进一步对其实施动态管理，即在政策执行过程中，随收费基金项目和政策内容的变化及时更新清单。各级财政部门则以清单为依据，对各地区、各部门收费基金项目政策的执行情况加强监督检查，严肃查处清单之外的各种乱收费现象，确保将收费目录清单执行到位。

②“政府账本”将实施支出经济分类科目改革，以推动预算信息透明。

2017年10月，财政部表示将于2018年实施支出经济分类科目改革，即在继续保留部门预算支出经济分类科目的同时，增设一套政府预算支出经济分类科目。此举旨在使政府预算更清晰明了，便于人大代表审议预算、社会公众读懂预算。实施支出经济分类科目改革，是贯彻落实新预算法、建立公开透明预算制度的重大举措，其核心要点在于：“政府账本”更细，不仅能反映资金的来源，还可以反映出资金的去向，如投入到教育、医疗卫生等领域，有利于清晰、全面地反映预算支出；“政府账本”更透明，根据政府预算支出经济分类科目编制的预算报告及草案的结构将更合理、内容将更丰富，有利于更好地发挥人大监督、审计监督和社会监督的效能，规范各级政府和各部门的支出行为。

③财政部推动地方预决算公开。

2017年12月29日，财政部发布了2016年度地方预决算公开度排行榜，在31个省(直辖市、自治区)和5个计划单列市中，上海、山东、深圳、广西、湖南位列前五。2015—2017年，财政部已连续三年组织驻各地财政监察专员办事处及地方政府财政部门在全国范围内开展了地方预决算公开情况专项检查。

检查结果显示，经过财政部的检查督促、政策引导和地方积极整改，地方预决算公开工作总体情况出现根本性好转，主要体现在四个方面：第一，在26.1万家地方预算单位中，未公开部门预决算的单位大幅减少，平均降幅为98.3%；第二，地方预决算信息公开的完整性、规范性和及时性等各项指标实现大幅提升，达标率均超过90%；第三，公开渠道得到进一步规范，大多数政府和部门均通过门户网站及预决算公开统一平台公开预决算；第四，大多数省份建立了预决算公开信息定期汇总上报制度，并在预决算公开创新方面做出了大量有益的尝试。

然而，我国地方预决算公开情况仍然存在着一些问题，主要表现为预决算公开工作开展不平衡、公开质量和收支决算信息真实性有待进一步提升、基层民生资金使用情况公开不充分、少数部门未按规定公开预决算等。

(3)民政部的行动

①推动彩票公益金督查及使用情况公开。

2017年6月12日，民政部办公厅印发《民政部彩票公益金项目督查办法（试行）》（以下简称《监督办法》）和《民政部彩票公益金使用管理信息公开办法（试行）》（以下简称《公开办法》）。彩票事业以国家公信力为基础，其基本属性为公益性，不断公开化、透明化、法治化是保证其公益性的唯一方向。

《监督办法》旨在解决彩票公益金使用管理“中间一公里”的问题，即强化过程管理，核心内容体现为四个方面：第一，在督查形式和内容方面，督查形式包括审计、约谈、函询、查阅资料、现场检查等，督查内容包括项目单位管理制度的健全性、资金使用的合法合规性、项目完成情况等；第二，在督查职责方面，明确实行分级负责制，即民政部负责全国范围内的督查，而地方民政部门负责对本地区开展督查；第三，在第三方审计方面，规范了民政部、各级民政部门委托第三方审计机构对公益金项目开展审计应具备的条件；第四，在督查结果的运用方面，要求项目单位必须按期整改并提交整改报告，使督查形成完整的闭环，保证督查的完整性和严肃性。

《公开办法》则旨在解决彩票公益金使用管理“最后一公里”的问题，核心内容体现为四个方面：第一，在公开主体方面，明确以民政部、地方各级民政部门和各项目单位为主体；第二，在公开内容方面，要求各级民政部门和各项目单位将公益金使用有关信息纳入部门预决算信息公开范围，并于每年6月底前将上年度使用部彩票公益金情况向社会公告；第三，在公开方式方面，要求民政部门户网站和中国福利彩票发行管理中心官网同步公开部本级彩票公益金的使用管理信息，并汇总各省级民政部门发布信息的链接，确保每笔公益金的使用方向都能够查询到；第四，在加强监督方面，对信息公开职责履行不到位的各级民政部门规定了相应的惩处措施。

②开通全国慈善信息公开平台，透明度差将被处罚。

2017年9月4日，在第二个“中华慈善日”来临前夕，民政部举行了全国慈善信息公开平台开通仪式。开通仪式当日上午，该平台便实时公布了全国2 134家慈善组织信息、38件慈善信托备案信息，慈善信托合同规模近8.6亿元。其中，517家慈善组织具有公开募捐资格，在平台上备案发布了837项公开募捐活动信息，并展示了1 595项慈善项目信息。

《中华人民共和国慈善法》规定，县级以上人民政府应当建立健全慈善信息统计和发布制度，在统一的信息平台，及时向社会公开慈善信息，并免费提供慈善信息发布服务。全国慈善信息公开平台依托这一规定而建立，用于慈善组织、慈善信托受托人等参与主体面向社会公开慈善信息。民政部对各地慈善组织、慈善募捐、慈善信托的信息统计及工作评估，以该平台为准，要求各地各类慈善参与主体依托该平台填报法定公开信息，对于敷衍了事、弄虚作假、透明度差的慈善组织，将依法纳入执法监察范围。

(4)自然资源部将建立全国征地信息共享平台，推动征地信息公开

征地信息公开是政务公开的重要组成部分，与被征地农民关系紧密，社会关注度高。近年来，原国土资源部(现自然资源部)按照市县及时主动公开、搭建省级统一公开平台、建立全国征地信息共享平台“三步走”的工作思路，持续推进征地信息主动公开。

2017年5月以来，黑龙江、浙江、安徽、四川、宁夏5个省(自治区)35个县(市、区)开展了基层征地补偿政务公开标准化规范化试点工作。原国土资源部(现自然资源部)要求征地补偿信息公开切实做到快还旧账、不欠新账，积极稳妥地推进历史上形成的存量征地信息的公开。全国征地信息共享平台是在省级征地信息公开平台运行的基础上，通过数据交换对全国征地信息进行整合，实现全国征地信息有效归集、互通共享的信息系统。按部署，省级征地信息公开平台将于2017年7月全部上线运行，做到省、市、县三级公开数据信息共享，实现省级征地信息“统一发布、自助查询、实时监管”三大功能，省、市、县三级征地信息与建设用地审批系统数据互联互通，有效满足人民群众的迫切需求。

2.2.3 地方政府部门的积极行动

(1)北京市政府部门的行动

①第四中级人民法院发布《2016年度行政案件司法审查报告》，信息公开表面化问题仍存在。

在立案登记制、新行政诉讼法实施两周年之际，2017 年 4 月 27 日，北京市第四中级人民法院发布了《2016 年度行政案件司法审查报告》(以下简称《报告》)及十大典型案例。《报告》披露，在北京第四中级人民法院 2016 年全年的登记案件中，政府信息公开案件占比 28%，该类案件的实体败诉率相比 2015 年大幅下降，表明政府信息公开工作正逐步趋于规范化和合法化。

近十年来，越来越多的公民、法人向政府部门申请信息公开，从而推动了制度的完善。然而，《报告》也指出，行政机关仍然存在信息审查不细致、信息公开表面化等问题，如：政府部门在开辟接受政府信息公开申请的渠道后，并未投入充足的人力和时间进行管理，因而未能保障申请人获取政府信息的及时性；由于行政机关内部信件转办和管理系统的延迟，导致政府对信息公开申请邮件的答复超期，损害了申请人的信赖利益等。此外，行政机关还存在信息公开范围不够大、不公开事项规定模糊、行政机关裁量空间过大、惩罚力度不够等问题。

②北京政务“五公开”标准化规范化试点启动，涉及九大民生领域。

2017 年 7 月，北京市启动了基层政务公开的标准化规范化试点，试点为期一年，首先在东城、西城、朝阳、海淀、昌平五个区进行，围绕城乡规划、重大建设项目、财政预决算、税收管理、环境保护、食品药品监管、安全生产、公共文化服务及公共法律服务九个重要的民生领域，探索决策、执行、管理、服务及结果“五公开”的标准化、规范化。

此次试点工作将在以往实施政务公开“三级清单”的基础上，进一步做好梳理政务公开事项、编制政务公开事项标准、规范政务公开工作流程、建立政务公开标准管理机制四项工作。公开事项“以公开为常态、不公开为例外” 为标准，包括名称、属性、依据、内容、主体、时限、方式等要素。政务公开关键在基层，此次试点的特点之一即为立足基层政府，直接联系服务群众的实际，积极探索高效、便捷的政务公开方式。

(2)广东省政府部门的行动

①广东地市政府信息公开评议结果公布，珠海、佛山、潮州夺魁。

2017 年 9 月 24 日，深圳市马洪经济研究发展基金会、中国(深圳)综合开发研究院联合主办的“2016 年度广东政府信息公开金秤砣奖评议活动”进行了首次评议，在广东省 21 个地级市中，珠海市、佛山市、潮州市获得“金秤砣奖”。

通过此次评议活动，广东省地级市政府信息公开存在的问题也进一步显现，如：在 21 个地级市中，有 11 个未完整公开审计信息或缺失整改情况；部分地级市未公开政府采购违规、投诉处理结果信息，或将此类信息与其他信息混杂，公众检索难度较大；部分地级市仅对重大项目信息进行简要通报而未充分说明，公众无法清晰全面地了解情况；政府机关答复申请的随意性较大，存在不向申请人公开信息也不明确告知其理由等情况。

②广州市首次公布行政执法数据，交警支队2016年罚没收入达9亿元。

根据《广州市行政执法数据公开办法》，2017年3月31日，广州各级执法部门公布了2016年的全部行政执法数据。在广州市首份“行政执法年报”中，公布了不同执法部门的行政处罚权、处罚数量、处罚金额、行政检查次数等信息。广州市是全国首个公开全部行政执法数据的城市，与以往只公布账本相比，公布“行政执法年报”无疑使政府信息公开工作更进了一步。

广州市此次公布“行政执法年报”有两大突破：其一，采用了统一的公开模板和数据格式；其二，公开主体覆盖广州所有具有行政执法权的单位，从市、部门、区、镇至街道均包含于公开主体之列。这一举措不仅有利于民众进行监督，也能转化为促进相关部门全面规范执法的外在动力。

2.3 学术界的努力

学术界始终是推动政府信息公开的一支不可或缺的力量。在过去的一年里，上海财经大学公共政策研究中心、清华大学公共管理学院分别为推动省级财政透明度、市级财政透明度进行了深入的研究，中国社会科学研究院从政府行政透明度、司法透明度、立法透明度等多个方面对我国政务信息公开情况进行了调查评估，中国政法大学着重关注了政务公开及环境信息公开情况，而浙江大学公共政策研究院则重点关注了政府网络透明度的变化情况。学术界作为我国智囊库聚集的高地，在推进政府信息公开和透明度方面起到了极为重要的作用。

2.3.1 上海财经大学积极推动财政信息公开

上海财经大学公共政策研究中心连续9年对我国财政透明度状况进行了跟踪调查研究。项目组依然采取以往的调查方式，即通过向有关部门提出政府信息公开申请、网络搜索和文献检索等多种方式全方位调查省级财政信息的公开程度。2017年11月26日，该中心公布了其编撰的《2017中国财政透明度报告》(以下简称《报告》)。《报告》对我国31个省级政府的财政透明度进行了评估和比较分析。《报告》显示，2017年，31个省份财政透明度的平均得分为48.28分，比2016年的42.25分提高了6.03分。

《报告》的研究结论主要包括：

第一，我国省级政府财政透明度继续保持逐年提高的趋势。31个省份的平均百分制得分从最初评估的2009年的21.71分上升到2017年的48.28分，这意味着我国省级财政透明度在短短9年的时间里提高了一倍多，成绩显著。这种明显的进步是人大、政府、学界以及社会民众各方努力推动的结果，是中国建设现代财政制度、走向现代国家治理的必经之路。尽管如此，至今我国省级财政透明度的整体水平依然很低，仍有超过50%的调查信息没有公开，31个省份的平均得分还不到50分，距离及格线60分还有一段差距。

第二，财政透明度在省际之间仍然存在较大差距。2017年财政透明度平均百分制得分最高的山东省公开了70%的调查信息，而湖北、陕西、青海的财政透明度平均得分却不到30分，与领先省份的差距高达一倍以上。

第三，单个省份的财政透明度在不同年份呈现明显的不稳定态势。2017年财政透明度变化较大的省份包括四川和甘肃等。四川省在2016年的财政透明度评估中仅得24.83分，在31个省份中排名第30名；2017年得分则为66.57分，排名跃升为第3名。同样地，甘肃省2016年得分为38.21分，排名为第19名；2017年得分为68.24分，排名跃升为第2名。

第四，不同调查信息的透明度有很大不同。省级财政透明度评估将被调查的信息分为九大类，并对其进行打分。按得分从高到低排序，依次是被调查者态度(77.27分)、国有企业基金(57.78分)、一般公共预算基金(57.50分)、社会保险基金(49.11分)、政府性基金(47.90分)、部门预算及相关信息(47.32分)、国有资本经营预算基金(43.64分)、政府资产负债(17.71分)和财政专户管理资金(4.68分)。在9项信息要素中，被调查者态度得分最高，得分率约为80%；财政专户管理资金和政府资产负债的信息公开情况最差，平均得分不到20分，省级政府资产负债透明度虽较上年的11.96分提高了5.75分，但仍然较低。而财政专户管理资金是9项信息要素中得分最低的，仅有4.68分，比2016年的平均分12.54分低7.86分，比2015年的平均分20.49分低15.81分。《报告》指出，财政部对财政专户决算编制要求的变化是财政专户管理资金透明度下降的最大原因，这也反映了相关部门忽视了对财政专户管理资金的信息统计和信息公开。

2.3.2 中国社会科学院发布《法治蓝皮书·中国法院信息化发展报告》等报告，关注司法、立法、民政信息公开等多个事项透明度

2017年，中国社会科学院法学研究所发布了《法治蓝皮书·中国法院信息化发展报告》《中国地方法治发展报告(2017)》《中国政府透明指数报告(2016)》《中国立法透明度指数报告(2017)》等。

《法治蓝皮书·中国法院信息化发展报告》于2017年2月23日在北京公布。报告指出，借助法院信息化的应用和发展，中国法院的司法透明度得到全方位提升，信息化为司法公开提供了平台，拓展了司法公开的广度与深度。报告的统计显示，截至2016年12月底，各级法院共公开审判流程信息26.2亿项，推送短信3 476.9万条，方便了当事人参与诉讼。目前，中国裁判文书网覆盖200多个国家和地区，成为全球最大的裁判文书网。截至2016年12月31日，中国裁判文书网已公布裁判文书超过2 550万份，累计访问量超过47.2亿人次。各级人民法院也将执行工作与社会征信体系建设相结合，利用本地信息平台公开被执行人信息、限制出境、限制招投标、限制高消费等信息，推动信用惩戒机制建设。截至2016年12月底，全国法院通过中国执行信息公开网累计发布失信被执行人信息642万条。

《中国地方法治发展报告(2017)》(地方法治蓝皮书)中的《民政信息公开调研报告》对我国27个省会城市的民政信息公开情况进行了调查。根据调查结果，民政信息公开存在公开标准不明确、公开指南不完善、公开不能持续进行等问题。例如，社会低保信息就存在未实现常态化公开的问题。对于救灾捐赠信息公开情况，项目组调研发现，不少民政局会将募集到的救灾救助款物数额及时主动对公众公开，但是往往没有后续款物的具体分配使用情况。

《中国政府透明度指数报告(2016)》对49个较大的市和100个县级政府的透明度进行了评估。评估显示，县级政府的公开情况与较大的市的政府相比，总体仍有不少差距。市级政府最高分为厦门市88.15分，县级政府最高分为上海市浦东新区82.60分；市级政府最低分为拉萨40.71分，县级政府最低分为西藏朗县12.75分；市级政府低于60分的有4个，占比8%，县级政府低于60分的有63个，占比63%。报告指出，不少县级政府及其部门的网站建设水平不高，影响到公开质量。多数县级政府网站设置游动浮标，且部分政府网站的游动浮标不可关闭，存在强制阅读之嫌。个别政府部门网站建设水平较差，有的网站只是一张图片。

《中国立法透明度指数报告(2017)》围绕立法工作信息公开、立法活动信息公开、立法过程信息公开和立法优化信息公开4个板块15个指标对全国人大常委会以及31个省级人大常委会的立法透明度进行评估。报告结果显示，全国人大常委会、上海市人大常委会、重庆市人大常委会的总分名列前三。其中，在最具有指标性意义的第一板块立法工作信息公开的测评中，全国人大常委会、上海市人大常委会的得分同为81.5分，并列第一。报告指出，目前人大常委会立法公开信息程度较高，人大常委会领导信息、人大常委会机构信息、本级人大代表名单得到普遍公开，但在公开的信息中，近9成的人大代表的联系方式公开方式欠佳。此外报告显示，虽然多数人大常委会都在门户网站上公布了如立法程序、立法草案，开通了立法征求公众意见平台，但是在公布过程之中，仍然存在信息不完善或者公布不透明的情况。32 家人大常委会中有 28 家公布了立法草案，但仅 11 家提供了草案说明公开情况。同样，32 家人大常委会中有 28 家设立了立法征求公众意见平台，仅 3 家在平台公布了公众意见。另外，仅有 4 家在门户网站上发布了立法听证会情况。因此，在立法过程信息维度中，人大常委会得分普遍较低。

2.3.3 清华大学关注市级政府财政透明度及中国公益基金会透明度

清华大学公共管理学院近年来一直关注市级政府的财政透明度状况。2017 年 8 月，该中心发布《2017 年中国市级政府财政透明度研究报告》(以下简称《报告》)。《报告》的评估对象为全国 295 个地级及地级以上的市政府(包括新建市的西藏自治区山南市)以及全国 358 个县级市。与往年有所不同的是，2017 年的财政透明度指标体系在第 3 部分“其他重要的财政信息”中调整与增加了若干项目，包括政府性债务、产业投资基金及政府与社会资本合作(PPP)等的公开情况。

《报告》评估的主要结论包括：

第一，财政“四本账”公开情况继续提升。衡量政府财政透明度的核心指标是市级政府对预算与预算执行情况即“四本账”的公开情况。2017 年，各类市级政府财政信息公开情况尤其是预决算部分较往年有了很大的进步，“四本账”的公开情况较上年有所提升，大部分城市都给出了较为完善的 2016 年预算执行以及 2017 年预算报告。地级及地级以上城市财政透明度有明显进步。2016 年 295 家地级及地级以上城市的平均得分为 44.62 分，而 2017 年 295 家地级及地级以上城市政府的平均得分为 49.33 分。

第二，地方政府债务公开情况差。长期以来，国家都在严控地方政府债务规模，但各地对于地方债务的公布情况并不乐观。政府债务公开包括以下具体指标：债务限额及总额、债务类别、具体债务项目、各辖区债务情况。从地级及以上市政府在政府债务公开方面的得分情况看，按总分为 80 分计，最低分为 0 分，最高分为 45 分，平均分仅为 16 分(相当于 100 分计的 20 分)。债务限额和总额公布情况较好，在 295 个地级及以上市政府中，共有 201 个公布了 2016 年度的债务限额和债务总额，其中的大多数市政府对专项债务和一般债务两个类别的总额进行了公开。但在具体的债务项目方面则公开情况较差，仅有 37 个城市的政府对债务的具体使用项目有所公开。2016 年，政府性债务的公开情况较 2015 年有所进步，68%的地级市政府公布了省级划定给本市的债务限额和当年的债务余额，但普遍没有对具体的债务结构和项目情况加以说明。

第三，全国有235个城市未公开产业投资基金信息。从地级及以上市政府公开情况上看，只有60个城市在此项目上得分，235个城市得分为零，其中仅23个城市在政府预决算报告或政府工作报告中有公开本市产业投资基金的规模。产业投资基金和PPP项目中均有财政出资的部分，理应对政府出资的金额、项目用途等进行公开。但绝大部分城市并没有对此进行专门的说明，部分城市采取新闻公告的方式加以整理，但仍缺乏正式的披露制度。

此外，清华大学廉政与治理研究中心自2012年以来对中国公益基金会的信息公开程度也颇为关注。根据其2017年公布的中国公益基金会透明指数数据显示，截至2017年4月13日，我国现有基金会5 688家，净资产近1 200亿元，中基透明指数平均值为48.29。而在2012年首次推出中基透明指数时，全国基金会总数是2 752家，总资产572亿元，基金会的平均得分仅为45.79分(约占当时总分129.4分的35%)。该项目负责人指出，中国的公益慈善事业正呈现爆发性增长，从2012年到2016年，基金会的数量和规模都增长超过一倍，但公益基金会中基透明指数平均值只有48.29，虽然较2012年的情况有了一定的提升，但是透明度现状仍不尽如人意。

2.3.4 中国政法大学关注政务公开及环境信息公开

2017年9月26日，中国政法大学法治政府研究院发布《中国法治政府评估报告(2017)》。报告对2017年度我国政务公开情况进行了评估。评估结果显示，2017年"政务公开"指标的平均得分为97.98分(该指标总分为120分)，平均得分率为81.65%。有54个城市高于平均分，46个城市低于平均分，排名前五的城市依次为青岛市、珠海市、武汉市、湛江市和北京市。与2016年相比，2017年"政务公开"指标的平均得分率上升了5.12%，高于平均分的城市增加了4个，说明政务公开工作的成效继续提升。该评估报告通过对2013—2017年这五年评估数据的观察和分析，指出"政务公开"指标呈现出以下发展趋势：一是重点领域信息公开的力度日益加大，2014年，"重点领域信息公开"指标的得分率为33.80%，2017年得分率达到96.20%；二是政府信息获取的效率不断提升，自2016年起，评估组在"政务公开"指标下新设"政府信息获取的效率"观测点，2016年该指标的得分率为78.60%，2017年得分率为92.50%；三是依申请公开的条件设置逐渐规范，2014年，"政府是否不当设置申请信息条件"指标的得分率为88%，2017年得分率达到97.5%。但是，2017年评估数据也指出，我国地方政府在政务公开领域也存在着一些短板:第一,政务公开“有网站、不互动”现象明显,政府网站的咨询服务功能不足;第二,政务公开“有数据、不共享”问题突出,政府数据缺乏有效的整合、共享与更新;第三,政务公开“有信息、不便民”顽疾仍在,依申请公开工作依然存在短板。

此外,2017 年 4 月 20 日,中国政法大学环境资源法研究所发布《新〈环境保护法〉实施效果评估报告》,整理和总结了 2016 年新环保法实施的各种情况。报告显示:新环保法规定的制度和措施执行的力度、遵守的程度、产生的影响,超过了过去环保法史上的任何一个时期,但在推进环境信息公开等方面仍有不足:湖北等个别省份在环境信息公开方面整体上做得非常不理想;浙江和广东的部分城市,四川、西藏自治区等省份不依法公开排污单位名录和排污费使用情况的问题比较严重;国控重点污染源监督性监测信息公开情况不理想;青海、西藏等约 13 个省份的环保部门未公开 2016 年任何环境行政处罚案件。

2.3.5 浙江大学评估政府网络透明度

浙江大学则关注了政府网络透明度的现状。自 2011 年起,浙江大学公共政策研究院就开始以政府网络透明度为切入点,以作为政务公开窗口的政务网站为平台,以政府处理公众高度关注的网络事件案例分析和政务微博、微信调查为基础,对内地 31 个省级政府网络透明度进行评价。

评估结果显示:31 个省(自治区、直辖市)政府在行政审批与处罚信息、政府采购信息、环境保护信息、生产安全事故信息、食品药品安全信息、信用信息等信息的公开方面整体做得较好,得分率达到 90%及以上。而在政府数据开放数量、政府数据检索便利性、权责清单及企业投资负面清单公开、土地使用权出让信息公开、医疗卫生信息公开、社会保障信息公开、扶贫工作信息公开、减税降费信息公开等方面整体表现较差,得分率在 60%～75%之间;依申请公开操作方面表现最差,得分率仅为 38.71%。

2.4 民间组织与社会公众对政府信息公开的关注

近几年,民间组织和社会公众在推动政府信息公开方面扮演了尤为重要的角色。2017 年,他们在环境安全信息公开、教育信息公开以及政府采购信息公开等事件中表现出了强烈的关注。

2.4.1 民间组织大力推动环境信息公开

根据“水十条”的要求，从2016年起，地级及以上城市和部分有条件的县级单位需定期发布集中式生活饮用水水源水质信息，其中前者需每月一公开，后者需一季度一公开。在我国各省份普遍进行饮用水水质信息公开的一年后，2017年2月17日，环保组织广州绿网环境保护服务中心汇总31个省级环保部门的水源水质公开情况，发布《2016年全国饮用水水源水质大起底》报告。该报告显示：2016年，各省级环保部门公开了1 333处（地表水水源地995个，地下水水源地338个）饮用水水源地的水质状况，其中有98处出现过水质超标的情况，占比约7.2%，涉及24个省份，黑龙江、内蒙古和浙江三省的超标水源地个数位列前三甲。同时，该报告称：2016年内发生多起突发水污染事件，16处水源全年12个月连续超标，带来重大饮用水安全风险。地下水水源超标比例明显高于地表水水源，且污染的持续时间较后者更长，而内蒙古、山西等5个省份多以地下水为主要饮用水水源。大部分省级环保部门均按要求在其网站上定期公开集中式生活饮用水水源水质信息。但是，也有一些省份的信息公开工作有较大的完善空间。其中湖南、河北、西藏、江西、浙江等省缺了好几个月的水质报告。而在各省公开方式都差不多的情况下，新疆、江西的报告完全没有附表，云南省全年的文件也有一半失效。由于是第一年公布相关数据，根据现有报告信息还无法从全局判断水污染治理是进步了还是退步了。

在企业清洁生产信息公开方面，民间公益组织“上海青悦”（上海闵行区青悦环保信息技术服务中心）于2017年6月30日发布《全国省级强制性清洁生产审核信息公开调研报告》。上海青悦采用访问官网、检索当地主要媒体网站和致电省级清洁生产主管部门等方式对31个省份及新疆生产建设兵团所在地区必须开展清洁生产审核的企业名单公布情况进行了调研。调研结果显示，对于双超（超标排放）双有（使用有毒有害原料等）型需要进行强制性清洁生产审核的企业，全国有22个省份公布了2016年或2017年的相关名单，4个省份部分公开（仅公布了2016年以前部分年份的名单），西藏、广东、湖北等4个省份从未公开过相关名单。而对于强制要求进行清洁生产的高耗能企业，仅有4个省份公开了2017年度或2016年度的名单，9个省份近五年来从未公开过这一名单。2003年1月1日，《中华人民共和国清洁生产促进法》正式实施。2012年，该法进行修订，三种必须开展清洁生产审核的企业首次被写入法条。修法五年后，法定要求公布的强制性清洁生产企业名单在部分省份仍“犹抱琵琶半遮面”。针对上述调研中发现的问题，上海青悦相关负责人已致信国家发展和改革委员会、环境保护部以及工业和信息化部，对责任划分、相关信息公开等方面提出建议。

针对环境信息公开，2017 年 9 月 7 日，环保公益组织公众环境研究中心（IPE）与自然资源保护协会（NRDC）在北京联合发布“2016—2017 年度 120 城市污染源监管信息公开指数（PITI）”，这是自 2009 年以来 IPE 与 NRDC 连续第 8 年对全国污染源监管信息公开状况进行评价。本期评价主要有三大突出进展。首先，最大亮点是为彻底解决新环保法实施前的各类历史遗留问题，各地在环保部统一部署要求下开展了违规建设项目清理，共涉及 62 万余个项目，大批企业环境违规问题首次暴露在公众视野中。突出进展之二，是 14 个城市得分在 70 分以上，较上年度翻了一番，120 个城市 PITI 平均得分提高至 52.34 分，这是自 2013 年 PITI 标准升级以来，平均得分首次超过 50 分。突出进展之三，是污染源监管信息正形成跨领域应用，倒逼污染减排，例如，企业环境信用等级已经在江苏等地被用于实行差别电价和污水处理差别收费，以推动企业守法。本期评价结果也反映出一些值得改进的问题，如新的《中华人民共和国环境保护法》《中华人民共和国大气法》关于实时公开的法律要求仍待得到执行，八成城市污染源日常监管信息公开仍不足 50%，企业有毒有害污染物的公开存在重大缺失，等等。中国的污染源信息公开取得历史性进展，信息公开推动污染减排的效果初步得到证明，但潜力亟待落实。地区间差距仍然显著，企业信息公开明显滞后于政府信息公开，存在明显短板，难以满足社会期待。

北京市义派律师事务所控烟公益法律中心发布了《全国 18 个“无烟城市”控烟工作政府信息公开申请报告（2017 年）》。报告从中国“无烟”大事记、控烟执法政府信息透明度等方面对全国 18 个“无烟城市”政府控烟执法情况进行监督、评价，这是该机构连续第三年发布报告。本次报告的数据来源于该机构向 18 个城市申请的 2016 年控烟执法政府信息，共发出申请书 235 份，提出 216 项申请内容，最终获得全部 18 个城市的答复。通过对控烟执法政府信息透明度、戒烟服务信息、控烟执法监测和评估工作等指标进行综合排名，北京市在 18 个城市排名中居首。其中 15 个“无烟城市”存在单位或场所不配合、落实控烟措施劝阻不到位、执法力度不够、监督检查覆盖面和批次不足、行政处罚少等控烟执法困难因素，亟待解决。本报告旨在通过信息公开申请，了解目前 18 个“无烟城市”的控烟执法情况，促进控烟法规实施，为控烟法规的废、改、立提供借鉴。

2.4.2 社会公众的关注

(1)对教育信息的关注

因向教育部和吉林省教育考试院申请大学英语四级考试盲文试卷未获批准,2017年4月初,盲人大学生小倩(化名)向教育部提出政府信息公开申请,内容包括教育部对残疾考生参加大学英语四级考试文件中关于提供合理便利的相关规定。4月19日,她得到回复称,申请的信息属于咨询类问题,不属于信息公开的范围。小倩遂决定起诉教育部,请求撤销教育部的回复,并在规定期限内重新答复。2017年5月10日,小倩的代理律师向北京第一中级人民法院递交了对教育部的行政起诉状。

2017年4月22日,北京市教育考试院法律专业的曹同学参加知识产权法课程考试,成绩仅为55分。经过复核发现,试卷中的案例分析题只拿到了3分,这是导致其分数低的直接原因。因对考分存在异议,他要求北京教育考试院进行行政信息公开,并提交了异议意见。可考试院的答复没有获得曹同学认可,他随即将考试院诉至法院,请求法院判令被告对他申请公开知识产权法考试科目案例分析题评分依据的异议一事作出书面处理决定。该案在海淀法院开庭审理,法庭未当庭宣判此案。

(2)对土地相关信息的关注

2017年5月,长沙市民胡某先后两次就长沙市某地块项目建设的相关政府信息向湖南省国土资源厅提交申请政府信息公开。当年5月26日、6月13日,该厅分别两次作出政府信息公开告知书。两告知书认为,胡某申请公开的内容不明确,要求其对政府信息公开申请进行更改、补充。申请人胡某对此不服,于同年6月先后两次向国土资源部提起行政复议申请并请求:依法确认湖南省国土资源厅未履行政府信息公开法定职责行为违法,并要求责令该厅限期作出书面答复。8月24日,国土资源部对两次行政复议申请作出两份行政复议决定书。复议书认为,湖南省国土资源厅已在法定期限内针对申请人的信息公开申请进行了答复,不存在行政不作为,遂驳回申请人的行政复议申请。2017年9月,胡某不服两次政府信息公开决定及复议决定,向天心法院提起行政诉讼。

(3)对政府采购信息的关注

2017年1月初,京津冀地区遭遇“跨年霾”,环保人士田静等向北京和地方一些环保部门寄去申请,要求逐年公开2010—2016年的办公楼空气净化器采购费用和清单,却收到了不同部门的不同答复。其中,河北省环境保护厅回复“我厅截至目前未采购过室内空气净化设备”;北京市环境保护局则在2月

13日回复称，田静申请公开的信息为行政机关在日常工作中制作的“内部管理信息”，“不属于应当公开的政府信息”。3月22日，田静向环境保护部提起行政复议申请。6月，她收到的行政复议决定书中指出，她所申请公开的信息“不属于”政府信息，并最终维持了北京市环境保护局的决定。

(4)对环境安全信息的关注

2017年3月20日上午，湖南多名环保关注者向31个省会城市卫生和环保部门分别寄出了一份政府信息公开申请：申请卫生部门公开2016年医疗废物总数量，采用集中处置和非集中处置的各自总数量；申请环保部门公开2016年集中处置和非集中处置的医疗废物总数量、所管理的医疗废物集中处理场所的名称、地点、年处理量及医疗废物集中处置场所处置医疗废物的流程。

广东省和平县阳明镇七窖村生活垃圾无害化处理厂(以下简称垃圾处理厂)几乎不对垃圾作无害化处理，有时候还直接把车里的垃圾倒进下水沟流入河中，以致村里原来的井水被污染，村民不得不到远处挑水。在多次向县环保局电话投诉未果后，2017年12月7日，七窖村村民何治国向和平县环境保护局申请信息公开，请求公开和平县生活垃圾处理厂环保达标数据，以及周边居民生活区空气水质监测具体报告等信息。位于湖北宜昌的三峡大学大四男生刘启爽依据《中华人民共和国政府信息公开条例》，通过在线申请、邮寄材料的方式，向包括环境保护部、教育部、国家能源局、国家发展和改革委员会、工业和信息化部和北京市政府在内的六部门申请室内空气净化设备购买、“空气指数”等相关信息的公开。

3 省级财政透明度调查的评分标准

2018 年中国省级财政透明度调查的评分标准与 2014 年、2015 年、2016 年和 2017 年保持完全一致。而与 2009—2013 年财政透明度调查的评分标准相比，最近五年在评分标准上的设计更加全面、细致，也更具操作性。

本章阐述两个相关的主题。一是构建一个财政信息框架，用以表明要全面、系统地了解政府财政应该从哪些方面去观察，需要获得哪些基本信息，并为我国财政的公开透明勾画一幅蓝图。二是阐明本研究项目的调查评估范围、方式和评分标准。本项目的调查并没有包含财政信息框架的所有方面。更准确地说，它只涉及这个信息框架中的某些部分。阐明本研究项目的调查范围，说明它的局限性、调研方法和评分标准，有助于读者更客观地看待本项目的研究结论。

一个国家的政府财政通常是一个庞大而复杂的体系，因而需要一个系统化的信息框架来反映政府财政的情况。本章 3.1 节至 3.6 节分别从财政过程、政府层级、各类基金、收支与权益、政府组织以及信息细化度几个方面来勾画财政信息框架，并说明本项目调查和评估的范围。3.7 节对本项目的调研方式和评分标准作必要的说明。

3.1 财政过程

财政活动是个过程。在现代国家治理机制中，不论是公共收支、资产还是举债，都会经过提出方案，立法部门审议、批准，然后实施和事后进行评估的过程。这个过程中的每一个阶段都会有大量的财政信息，每一个阶段的信息对于保证公共资金和资产的合理使用都具有独立的特殊的意义，因此，完整的财政信息体系应该覆盖财政活动的全过程。政府预算是财政活动的一个重要组成部分。它通常分为预算编制、预算审批、预算执行和决算四个阶段。

从行政部门下达编制预算的指令到预算草案提交立法部门，这个阶段就是预算的编制阶段。在预算的编制阶段中，显然有很多信息是值得社会公众和公众的代表机构关注的：政府在年度财政的基本方针是什么？政策取向是什么？哪些方面被强调？采取的具体措施是什么？打算筹集多少收入？支出具体如何安排？打算选择怎样的项目？提交立法部门的预算草案是怎样的？等等。公众及其代表机构了解这些信息，就可以及时地对政府拟采取的财政活动表达自己的诉求和建议，从而使预算编制过程的活动较为符合社会公众的愿望和要求。

立法部门审议预算草案一直到批准通过预算就是预算的审批过程。在这个过程中，立法部门对预算草案有什么意见，有哪些不同意见，各种不同意见来源于哪些社会群体，各方面有哪些共识，分歧有哪些，以及最后由立法部门通过的预算是怎样的，等等，这些都是预算审批阶段的重要信息，这些信息的交流和沟通有助于社会在如何筹集和使用公共资金和资产方面促进相互的了解和理解，兼顾各方利益和要求，取得共识，使预算决策最大程度地符合社会需要。

整个预算年度都属于预算执行阶段。在这个阶段中，社会公众及其代表机构会密切注意公共资金和资产是否按照立法部门通过的预算规定在使用和运作，以及预算执行的进度情况如何。由于实际发生的情况与事先预计的情况或多或少会有一些不同，因而预算的调整总是难免的。如何调整，减少哪些支出，增加哪些支出，哪些项目要压缩，哪些项目要增加支出，以及围绕这些问题的决策过程等，都是预算执行中的财政信息。

决算是对预算执行结果的认定和评估过程。在一个预算年度中，政府究竟获得了多少收入，花了多少钱，用于哪些具体的用途，是否与立法部门审批过的预算和调整预算的方案相符，实施的效果如何等，都是决算阶段的重要信息，它有助于社会公众及其代表机构了解预算实际执行的结果，并对其合法性和有效性作出判断。

从财政预算过程来看，一个完整的财政信息系统应包括预算编制阶段的信息、预算审批阶段的信息、预算执行阶段的信息、决算阶段的信息（如图3－1所示）。其中每一个阶段都有大量的信息，这些信息会集中地在一些文件中体现出来。例如，反映预算编制阶段的信息主要通过行政部门的预算编制方针以及提交立法部门的预算草案来反映，预算审批阶段的信息主要通过立法部门批准通过的正式预算来反映，预算执行阶段的信息主要通过月度、季度、半年度财政报告来反映，决算阶段的信息主要通过政府提交并经立法部门审批的决算报告来反映。国际预算合作组织自2002年开始对世界各国进行财政透明度评估，调查的政府财政文件包括预算前报告、预算报告摘要、政府预算草案、支持性预算文件、公民预算、立法通过的预算、预算执行的年内报告、预算半年报告、预算年终报告以及预算审计报告，这些文件覆盖了财政预算四阶段的全过程。

由此可见，从财政过程来考察，一个完整的财政信息系统应包括预算编制阶段的信息、预算审批阶段的信息、预算执行阶段的信息、决算阶段的信息。本项目对财政信息的调查和透明度评估的范围仅涉及这四个阶段的最后阶段，即决算阶段信息，它只涉及财政信息系统的一小部分，而不是全部。本项目之所以将调查评估局限在决算阶段，主要是考虑到我国现阶段的财政信息公开的现状。在财政全过程的四个阶段中，相对而言，决算阶段信息的可获得性较高，将这一阶段财政信息的公开透明作为评估目标比较具有可操作性，同时也与我国改革的进程有较好的衔接。

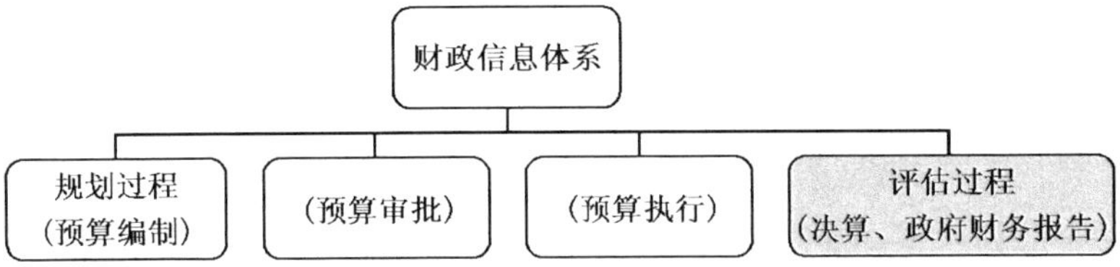

图3—1　过程视角的财政信息框架

本项目强调决算阶段的财政信息公开并不意味着我们认为其他阶段的财政信息公开不重要，或者重要性相对来说弱一些。从管理和监督的角度来说，决算是事后结果，而对它的评判则取决于编制和审批过程产生的预算，因此，预算编制和审批过程的信息公开是财政透明度的核心。我们想提请读者注意到财政信息系统的总体框架，意识到本项目的局限性，不是单纯从评分来看待我国财政透明度状况，而是以更为全面的视野来认识和思考这一问题。

3.2 政府层级

一个国家的政府通常会分成若干个层级，例如中央政府和中央以下各级政府，财政也相应分成若干层级。从一国财政来说，任何一级政府或某个政府的财政信息只是财政信息系统的一个部分、一个局部，而不是全部。完整的财政信息需要从完整的政府层级视角来考察。

我国的政府分为中央、省（自治区、直辖市）、市（自治州）、县（自治县、不设区的市、市辖区）、乡（民族乡、镇）五级政府，每一级政府要履行自身的职能，都要有一定的收入和支出，都要占用一定的资产。该级政府直接责任范围的收支和资产负债状况就是这一级政府的财政状况，通常通过本级政府的财政报告来反映。

在联邦制情况下，各级政府具有很大的独立性，上下级政府之间没有隶属关系，本级政府财政报告表明各个政府的责任范围和财政状况，能完整地体现一个政府的财政信息。上下级政府财政信息的汇总只具有统计上的意义，而不具有职责上的意义。然而，在统一领导的体制下，即上下级政府有隶属关系的体制下，上级政府在很大程度上对下级政府负有责任，下级政府在很大程度上对上级政府负责，在这种情况下，政府的本级财政报告就不足以反映该政府的责任范围和财政状况，因为下级政府在某种程度上是上级政府的组成部分或派出机构，某个政府的财政责任和状况就需要将本级财政与所属的下级财政汇总才能全面得到反映，这就需要有一级政府的总财政报告。

我国属于统一管理的分级财政体制，因此，从政府级次的视角来考察，完整的财政信息由中央、省、市、县、乡五级政府的总财政报告和本级财政报告组成。图 3—2 表现了财政信息系统的政府级次框架体系。

出于研究能力的考虑，本项目没有覆盖所有的政府级次，只是以省级政府总财政报告为主要调查内容，中央政府的财政透明度状况不在考察的范围内，省以下级政府的财政透明度状况只是简单涉及。评价中央政府的财政透明度状况需要与世界各国中央政府的相应资料进行比较，需要很大的工作量，项目组的研究能力恐有所不及。省以下各级政府数量众多，调研强度也超出了项目组的能力。将财政透明度的评估集中在省级政府层面，工作量比较适中，而且可以在各省份之间进行比较，有助于对我国各级政府的财政透明产生全面影响。这里我们提醒读者注意本项目的局限性。

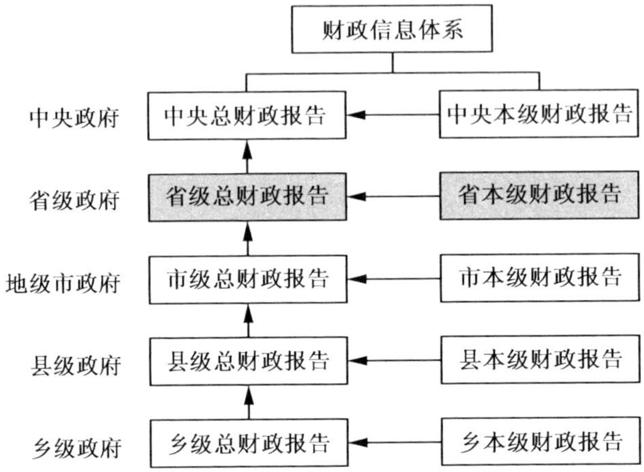

注:背景白色的文字框为本项目未涉及或只是略有涉及的部分,背景灰色的文字框为本项目重点关注的部分。

图 3—2　政府级次视角的财政信息框架

3.3　各类基金

不论是哪一级政府,也不论是总财政报告还是本级财政报告,从内容上来说都要覆盖该政府所负责的各类基金。

政府拥有和管理的财政资源用于各种不同的用途,通常通过不同的基金来进行核算。从总体上来看,政府财政可以分为三类不同性质的基金:政府基金、国有资本经营基金和社会保险基金(如图 3—3 所示)。政府基金是满足政府行政事业单位自身运转和履行其公共服务职能的资金和资产。国有资本经营基金是政府用于经营性运作的资金和资产。社会保险基金是社会公众委托政府管理的用于各项保险事业的资金和资产。政府基金可以再细分为一般政府基金和专项政府基金,前者用于一般公共用途,后者则是用于某些规定的用途。

我国现行财政管理办法对基金的分类与上述概念基本相似,与之相应设四个预算:一般公共预算、政府性基金预算、国有资本经营预算和社会保险基金预算。本项目的调研评估涵盖上述所有基金。虽然这四个预算与前述四项基金在概念上相似,但在覆盖范围上有差别,一些应当纳入相关基金管理的资金和资产并没有全部纳入这四个预算。财政透明度情况不仅取决于这四项基金的报告是否能够获得,而且还取决于所获得的信息是否包含了应纳入这些基金范畴的全部资金和资产。如果有某些部分未包含的话，这部分资金或资产就在社会的视野之外，财政透明度就会受到影响。

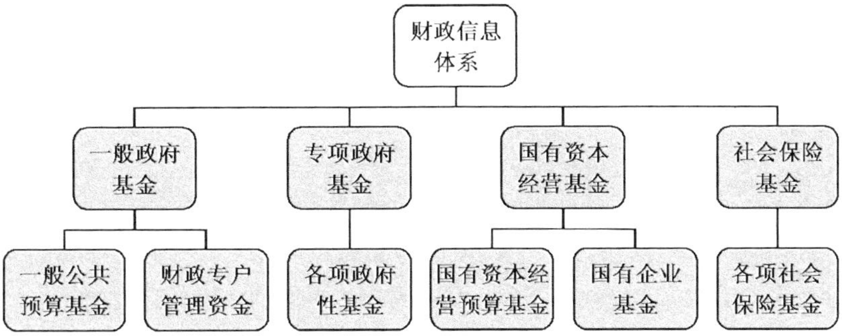

注：背景灰色的文字框为本项目调查覆盖的部分。

图 3—3　基金视角的财政信息框架

我国的一般公共预算基金目前只涵盖国库集中的收入以及用这一收入进行的支出，还有一部分被称为"财政专户管理资金"未包含在内，因此，本项目不仅调查一般公共预算基金，同时也将财政专户管理资金的信息纳入了调查范围。

我国的国有资本经营预算基金目前反映国有企业上缴政府行政部门的利润，这部分利润目前只占国有资本经营利润总额的不到 10%，还有 90%以上的利润在各个国有企业的账户上，这部分资金的数量、分配以及使用都没有反映在现有的国有资本经营预算基金中。因此，本项目对于国有资本经营基金的调查不仅涉及政府的国有资本经营预算基金，而且还涉及未纳入这一预算基金的其余部分。

3.4　收支与权益

政府的财政活动，不论是在政府层面还是在基金层面，都可以从两个方面来进行考察。一个是从收入和支出、从资金的流入和流出的角度来考察；另一个是从资产和负债、从政府所拥有的权益的角度来进行考察。

政府或基金的收支报告反映一定时期内资金流入或流出量及其分类信息。狭义的预算或决算就是指财政收支报告及其相关资料和表格。从收支流量来考察，可以了解政府或者某项基金资金的来龙去脉以及它的使用情况。政府或基金的财务报告反映一定时点上所占用的资产、承担的负债以及净资产状况。它从所有者权益和责任的角度反映了政府或者基金的财政状况。这两个方面是考察政府财政状况的必要视角，而且相互之间不可替代，缺少一个视角就不能全面地了解政府的财政状况。我国以往的财政报告只是收支报告，而不包含政府财务报告，这在很大程度上影响了人们对我国财政状况的认识。

从收支和权益这两个视角来看，政府层面的财政报告应有两个部分：一个部分是政府的综合收支报告，即反映政府所有基金收入和支出状况的报告；另一个部分是政府的综合财务报告，即反映政府所有基金资产负债状况的报告，如图 3—4 所示。我国目前系统地反映政府层面的综合收支报告和财务报告尚未建立相关制度，信息不可获得，因而不在本项目的考察范围内。

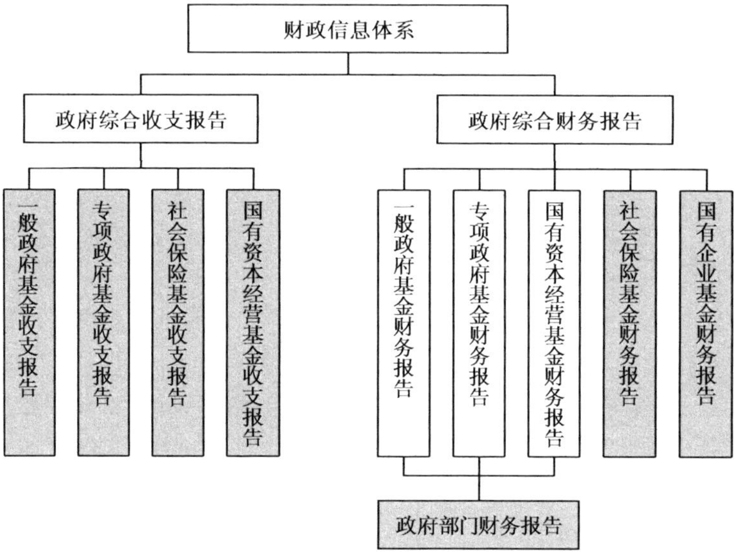

注：背景白色的文字框为本项目未涉及的部分，背景灰色的文字框为本项目涉及的部分。

图 3—4　收支和权益视角的财政信息框架

从基金层面上来说也是这样。每一个基金的报告也应由两个部分组成，一个是反映该基金收入和支出状况的收支报告，另一个是反映该基金资产和负债状况的财务报告。我国一般政府基金、专项政府基金、社会保险基金以及国有资本经营基金的收支报告都在本项目的调查范围之内，尽管各项基金报告的详尽程度有所不同，但仍具备基本的调查条件。

我国各基金的财务报告制度建立情况很不相同，从现有的资料来看，一般政府基金、专项政府基金、国有资本经营预算基金都没有单独的财务报告，一些信息可能“不存在”。但这几项基金汇总在一起的，本项目将之称为政府部门财务报告的某些信息仍在一定程度上可以获得。对这一部分，本项目只是在“政府部门财务报告”这个层面上对它的信息公开情况进行评估，而不是在每一个基金层面上对它的情况进行评估。从社会保险基金和国有企业基金的财务报告来看，目前没有“相关信息不存在”的问题，而只存在这些信息是否可为社会公众知晓的问题，因此我们对这两个基金的财务报告调查评估。

3.5 政府组织

政府是一个有组织的系统，因此，财政信息可以从政府组织的视角来考察。政府作为一个组织，我们可以将其视为一个整体，从政府整体的层面来了解财政情况，因而需要有反映一个政府整体状况的财政信息。前面所说的政府财政报告，以及按基金来反映的财政报告，不论是收支报告还是财务报告，都是从政府整体层面反映了政府的财政状况。

政府作为一个整体是由政府所属的各个机构组成的，它们各自履行不同的公共职能，发挥不同的社会作用。当人们需要知道政府财政的具体情况，明了这些收入是从哪个政府机构获得，谁对资金和资产的使用负有责任时，势必要从政府的组织构架来考察政府财政。政府作为一个整体可以划分为各个部门，财政活动由各个部门去进行。各个部门又由所属的各个单位组成，后者的财政活动是部门财政活动的具体化和明细化。

政府组织可以分为多种类型。一类是非经营性的，主要通过税收方式来维持自身运作的机构，典型的是政府行政机关；另一类是经营性的，通过自身的销售取得收入的机构，典型的是国有企业；还有一类是介于二者之间的机构，例如一些事业机构或者信托基金。从政府组织的视角来考察，我们可以将财政信息分为三个层面：政府、部门和单位（如图 3—5 所示）。

在这三个层面中，本项目的调查评估主要涉及政府和部门层面。前面四节所说的各类报告都是针对政府层面。在部门层面上，各部门纳入了调查的范围，但组成部门的各单位的财政信息基本上未涉及。社会保险基金中的各基金，例如养老、医疗、失业等，作为对社会保险基金的组成部分，也都纳入了调查范围。对于国有企业，本项目将调查延伸到省级直属的企业集团层面，而对组成企业集团的各个企业的收支和财务信息则只是简略涉及。

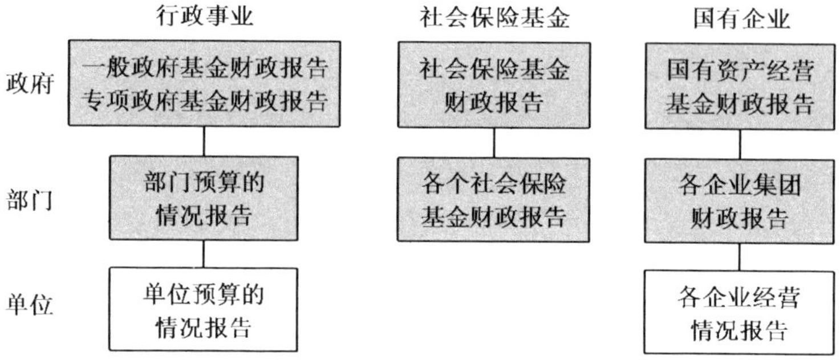

注:背景白色的文字框为本项目未涉及的部分,背景灰色的文字框为本项目涉及的部分。

图 3—5　政府组织视角的财政信息框架

3.6　信息细化度

本章 3.1 节至 3.4 节所阐述的视角都与财政信息的完整性有关,所展现的信息框架是为了保证财政信息系统能够涵盖所有的属于政府所有或由政府负责管理的公共资金和资产。3.5 节和本节所阐述的视角则关系到信息的明细程度。透明就是要能够看到细节,从政府组织的视角为获得较为具体的信息提供了一个框架,但更具体的信息获得有赖于收入、支出、资产、负债以及相关统计信息的分类和细化程度。财政信息的细化度为财政信息框架提供了一个视角。

财政收入的分类表明收入的各种不同性质和不同来源。在我国,财政收入分为类、款、项、目四级,反映的信息依次从粗到细。财政支出有两种分类方式:一种是功能分类,根据我国现行的规定,分为类、款、项三级;另一种是经济分类,我国分为类、款两级。比这些分类更具体的财政信息是具体的会计事项,它表明每一笔收支的具体内容。从收支视角来看,财政信息包含以上所有从粗到细的信息(见表 3—1)。

本项目并未覆盖这个框架的全部。在省总预算(包括一般公共预算、政府性基金预算、社会保险基金预算、国有资本经营预算)以及省级部门预算层面,除了具体的会计事项不在本项目的调研范围内,收入的四级分类、支出按功能的三级分类以及按经济性质的二级分类信息都是本项目调研评估的对象。但对省、市、县、乡的本级预算,本项目只考察了收入和支出的类级科目信息。国有企业的收支信息则按规范的企业会计报表进行考察。

表 3—1　　　　收支分类视角的财政信息框架

	省总预算（含四项预算）	省部门预算	省级政府	地级政府	县级政府	乡级政府
收入						
类	√	√	√	√	√	√
款	√	√				
项	√	√				
目	√	√				
支出（功能分类）						
类	√	√	√	√	√	√
款	√	√				
项	√	√				
支出（经济分类）						
类	√	√	√	√	√	√
款	√	√				

政府的资产负债信息同样需要细化。由于在这方面我国尚没有明确的关于政府资产和负债分类的系统化规定，各国的具体情况也有所不同，本项目结合会计基本原理，根据我国有关部门制定的报表设定了分类体系，以作为评价透明度的一个框架（见表 3—2）。各级分类信息的定义将在后文说明。

表 3—2　　　　资产负债视角的财政信息框架

	政府部门	社会保险基金	国有企业
资产			
一级分类	√	√	√
二级分类	√	√	√
负债			
一级分类	√	√	√
二级分类	√	√	√

财政信息不仅涉及收入、支出、资产、负债这些会计信息，而且还与一些统计信息相关。该花多少钱的问题往往与有多少人、需要干多少事有关，后者就

需要通过统计信息来反映。本项目还涉及机构、人员以及其他一些基本数字的调查，这里就不赘述了。

3.7 本项目的调查设计

3.7.1 调研范围

前面几节描绘了一个完整、系统、详尽的财政信息系统的框架，并且以此为背景描述了本项目调查评估的信息范围。这个范围的确定考虑到以下几个方面：

第一，尽可能全面系统地来考察我国财政透明度状况，并且要具有一定的超前性，使得本项目对我国财政透明度的提高起到鞭策和促进作用。

第二，与项目组的研究能力相适应。全面系统的评估需要投入大量的精力，而我们的团队能力有限，因而调研的范围需要有所选择。本项目将调研集中在省总财政信息层面，调查样本的数量比较适中，而且能够通过相互比较，得出一些有意义的分析结论，对上下左右都有带动性影响。

第三，与我国财政信息披露程度相适应。在财政全过程中，本项目选择了决算阶段进行考察就是出于这样的考虑，对政府财务报告的考察考虑到我国目前在这方面还刚起步，因而本项目有关部分的调研评估还是相当初步的。在有些领域，由于技术方面的原因，信息可能还不存在，这些都已排除在本项目调查的范围之外。

第四，与以往九年特别是与2014—2017年财政透明度评估范围相匹配。本项目自2009年起已经连续9年发表了研究成果，并取得了一定的社会影响。2018年新一轮的省级财政透明度评估是以往的继续，在调研范围上与以往保持相对一致有助于各年度之间具有可比性，能够从各年度的项目研究成果中看到发展的趋势和变化。

3.7.2 调研方式

本项目依然采取之前9年的调研方式，即通过向有关部门提出信息公开申请以及网络和文献检索这两种方式调查纳入项目评估范围的财政信息。当然，2014—2018年的调查相比2009—2013年的调查在调查问卷的形式上作了一些改变。2009—2013年的调查问卷由113个问题组成，而2014—2018年的调查问卷根据财政部统一颁布、要求编制的表格制作而成。在财政部以及有关管理部门要求各地方财政或部门编制的决算报表中选择了一些表格，作为 2018 年财政透明度调查项目的问卷，在内容的覆盖面上与 2014 年、2015 年、2016 年和 2017 年的调查提纲保持一致。2014 年以后改变调查问卷内容是基于以下几点原因考虑：

第一，由报表式问卷代替问题式问卷可以使得调查更具系统性。一个问题往往只触及信息的某一个点，所获得的信息未必具有典型性。而一个表格则可以全面涉及某一方面的比较完整系统的信息。一个问题往往带有抽样的性质，而一个报表则可以使调查更加全面系统，从而使调查结果更具客观性。

第二，问题式问卷往往需要对某些指标的口径进行描述和规定，不同的人可能会有不同的理解，从而造成指标口径的不一致。由政府行政部门制定和要求编制的报表所涉及的各种指标的口径会有明确的、详尽的技术规定，有关人员在这方面也会受到有针对性的培训，从而大大减少调查过程中的沟通成本和差错，保证调查结果的质量。

第三，问题式问卷所涉及的信息有可能由于会计、统计或管理方面的原因而不存在，在以往五年的调查中，有些信息不可获得的理由就是信息不存在。政府管理部门制定和要求编报的报表必定以相关信息的存在为基本条件，因而不会存在这一问题。

第四，采用报表式问卷的另一个明显好处是使得信息公开的申请简便化。有关部门规定，政府信息公开的申请需要"一事一申请"。在问题式问卷的情况下，每一个问题都成为"一事"，每个问题都要进行一次申请，2013 年前省级财政透明度调查的 113 个调查问题被告知需要做 113 个信息公开申请。由于一个报表包含着大量的信息，而一个报表可作为"一事"来看待，这样就简化了申请，不论对信息公开的申请方还是对提供相关信息的政府部门而言，都会因此而减少不必要的麻烦。

本项调查所涉及的报表见本书附录。

3.8 本项目的评分标准

财政透明度的评估本身也应该是客观公正与公开透明的，本项目对评分标准作出了明确的规定，并公布于众。财政透明度很难有一个公认的评分标准，为什么某种透明度状态是 30 分而不是 50 分或者是 80 分呢？显然会有某些主观因素在起作用。但不论是公尺还是英尺，都能很好地测量长度，尽管尺的概念有所不同。因为它们都符合一些评分的基本观念。

评分标准应能有一定的分辨率，不同的状态应该有不同的评分。前者比较容易做到，只要评分标准客观明确即可。后者则不太容易处理，评分该不同到什么程度呢?什么情况能够得满分呢?怎样的情况能够定为及格呢?这应取决于评估的目的。为什么要透明?透明是为了让社会公众及其代表机构能够有效地监督公共资金和资产的使用,能够大致上达到这个目标的情况可以视为及格,能够很好地达到这一目标的情况就是优秀。就我国目前的情况来说,财政信息的公开是否已经在某种程度上实现了这个目标,我们的基本判断是还有很大距离。从这个意义上来说,评分标准具有一定的主观性。评分标准总是免不了有主观性的,只是哪一种主观性更能够反映客观情况。是现状已经很透明了还是现状还很不透明。本项目采取前一种观点,这样才有改革的必要,才有本项目存在的必要。

评分标准应具有可比性,相同的情况应该有相同的评分。这是考虑评分标准的一个关键技术问题。特别是本项目已经进行了 9 年的评估,由于调查形式发生了一些调整,为了使今年以及以后年度的评分与往年的评分具有可比性,我们在设计评分标准时采取了以下方法:

第一,将所有的调查目标信息列为信息要素,收支信息要素全部由财政部统一编制的收支科目来定义。列入信息要素的资产、负债以及企业财务相关信息定义将在下文中阐明。

第二,将所有信息要素按不同的性质分为 9 个部分,每个部分权重被列为一级权重,权重的设计以前 9 年评估项目各部分的权重为依据。换言之,这 9 个部分的评分与前 9 年对应部分的评分权重大体保持一致。

第三,每个信息要素的权重,即二级权重,基本上采取了等值的原则。考虑到本项目调研的重点是省级总财政报告,与此相关的信息要素的权重高于重点领域(部门预算、省、市、县、乡本级预算)的信息要素权重。

3.8.1 一级信息要素及一级权重

如上所述,所有信息要素按不同的性质分为 9 个部分,每个部分权重被列为一级权重,权重的设计与 2009—2014 年省级财政透明度评估标准基本一致,具体的一级信息要素及权重如表 3—3 所示。

表 3—3　　一级信息要素及一级权重

信息要素	权重
1. 一般公共预算基金	25
2. 政府性基金	8
3. 财政专户管理资金	4

续表

信息要素	权重
4. 国有资本经营预算基金	2
5. 政府资产负债	9
6. 部门预算及相关信息	15
7. 社会保险基金	19
8. 国有企业基金	15
9. 被调查者态度	3
合　计	100

3.8.2　二级信息要素及二级权重

(1)一般公共预算基金的信息要素及权重

一般公共预算基金分为省总预算和省、市、县、乡四级政府的本级预算。一般公共预算基金相应的二级信息要素及权重设置如表 3—4 所示。

表 3—4　　一般公共预算基金的信息要素及权重

序号	信息要素	权重
1	省总预算公共预算收支总额	2
2	省总预算公共预算收入类级科目	2
3	省总预算公共预算收入款级科目	2
4	省总预算公共预算收入项级科目	2
5	省总预算公共预算收入目级科目	2
6	省总预算公共预算支出功能分类类级科目	2
7	省总预算公共预算支出功能分类款级科目	2
8	省总预算公共预算支出功能分类项级科目	2
9	省总预算公共预算支出经济分类类级科目	2
10	省总预算公共预算支出经济分类款级科目	2
11	省本级公共预算收入类级科目	1
12	省本级公共预算支出功能分类类级科目	1
13	省本级公共预算支出经济分类类级科目	1

续表

序号	信息要素	权重
14	地市本级公共预算收入类级科目	1
15	地市本级公共预算支出功能分类类级科目	1
16	地市本级公共预算支出经济分类类级科目	1
17	县本级公共预算收入类级科目	1
18	县本级公共预算支出功能分类类级科目	1
19	县本级公共预算支出经济分类类级科目	1
20	乡级公共预算收入类级科目	1
21	乡级公共预算支出功能分类类级科目	1
22	乡级公共预算支出经济分类类级科目	1
23	各地市本级公共预算收入类级科目	1
24	各地市本级公共预算支出功能分类类级科目	1
25	各地市本级公共预算支出经济分类类级科目	1
26	各县本级公共预算收入类级科目	1
27	各县本级公共预算支出功能分类类级科目	1
28	各县本级公共预算支出经济分类类级科目	1

(2)政府性基金的信息要素及权重

政府性基金预算分为省总预算和省、市、县、乡四级政府的本级预算。政府性基金相应的二级信息要素及权重设置如表3—5所示。

表3—5　　政府性基金的信息要素及权重

序号	信息要素	权重
1	省总预算政府性基金预算收支总额	2
2	省总预算政府性基金预算收入款级科目	2
3	省总预算政府性基金预算收入项级科目	2
4	省总预算政府性基金预算收入目级科目	2
5	省总预算政府性基金预算支出功能分类类级科目	2
6	省总预算政府性基金预算支出功能分类款级科目	2
7	省总预算政府性基金预算支出功能分类项级科目	2

续表

序号	信息要素	权重
8	省总预算政府性基金预算支出经济分类类级科目	2
9	省总预算政府性基金预算支出经济分类款级科目	2
10	省本级政府性基金预算收入款级科目	1
11	省本级政府性基金预算支出功能分类类级科目	1
12	省本级政府性基金预算支出经济分类类级科目	1
13	地市本级政府性基金预算收入款级科目	1
14	地市本级政府性基金预算支出功能分类类级科目	1
15	地市本级政府性基金预算支出经济分类类级科目	1
16	县本级政府性基金预算收入款级科目	1
17	县本级政府性基金预算支出功能分类类级科目	1
18	县本级政府性基金预算支出经济分类类级科目	1
19	乡级政府性基金预算收入款级科目	1
20	乡级政府性基金预算支出功能分类类级科目	1
21	乡级政府性基金预算支出经济分类类级科目	1
22	各地市本级政府性基金预算收入款级科目	1
23	各地市本级政府性基金预算支出功能分类类级科目	1
24	各地市本级政府性基金预算支出经济分类类级科目	1
25	各县本级政府性基金预算收入款级科目	1
26	各县本级政府性基金预算支出功能分类类级科目	1
27	各县本级政府性基金预算支出经济分类类级科目	1

(3)财政专户管理资金的信息要素及权重

财政专户管理资金预算分为省总预算和省、市、县、乡四级政府的本级预算。财政专户管理资金相应的二级信息要素及权重设置如表 3—6 所示。

表 3—6　　财政专户管理资金的信息要素及权重

序号	信息要素	权重
1	省总预算财政专户收支总额	2
2	省总预算财政专户收入款级科目	2

续表

序号	信息要素	权重
3	省总预算财政专户收入项级科目	2
4	省总预算财政专户收入目级科目	2
5	省总预算财政专户支出功能分类类级科目	2
6	省总预算财政专户支出功能分类款级科目	2
7	省总预算财政专户支出功能分类项级科目	2
8	省总预算财政专户支出经济分类类级科目	2
9	省总预算财政专户支出经济分类款级科目	2
10	省本级财政专户收入款级科目	1
11	省本级财政专户支出功能分类类级科目	1
12	省本级财政专户支出经济分类类级科目	1
13	地市本级财政专户收入款级科目	1
14	地市本级财政专户支出功能分类类级科目	1
15	地市本级财政专户支出经济分类类级科目	1
16	县本级财政专户收入款级科目	1
17	县本级财政专户支出功能分类类级科目	1
18	县本级财政专户支出经济分类类级科目	1
19	乡级财政专户收入款级科目	1
20	乡级财政专户支出功能分类类级科目	1
21	乡级财政专户支出经济分类类级科目	1
22	各地市本级财政专户收入款级科目	1
23	各地市本级财政专户支出功能分类类级科目	1
24	各地市本级财政专户支出经济分类类级科目	1
25	各县本级财政专户收入款级科目	1
26	各县本级财政专户支出功能分类类级科目	1
27	各县本级财政专户支出经济分类类级科目	1

(4)国有资本经营预算基金的信息要素及权重

国有资本经营预算分为省总预算和省、市、县、乡四级政府的本级预算。国有资本经营预算基金相应的二级信息要素及权重设置如表3—7所示。

表 3—7　　　　国有资本经营预算基金的信息要素及权重

序号	信息要素	权重
1	国有资本经营预算收支总额	2
2	国有资本经营预算收入款级科目	2
3	国有资本经营预算收入项级科目	2
4	国有资本经营预算收入目级科目	2
5	国有资本经营预算支出功能分类类级科目	2
6	国有资本经营预算支出功能分类款级科目	2
7	国有资本经营预算支出功能分类项级科目	2
8	国有资本经营预算支出经济分类类级科目	2
9	国有资本经营预算支出经济分类款级科目	2
10	省本级国有资本经营预算收入款级科目	1
11	省本级国有资本经营预算支出功能分类类级科目	1
12	省本级国有资本经营预算支出经济分类类级科目	1
13	地市本级国有资本经营预算收入款级科目	1
14	地市本级国有资本经营预算支出功能分类类级科目	1
15	地市本级国有资本经营预算支出经济分类类级科目	1
16	县本级国有资本经营预算收入款级科目	1
17	县本级国有资本经营预算支出功能分类类级科目	1
18	县本级国有资本经营预算支出经济分类类级科目	1
19	乡级国有资本经营预算收入款级科目	1
20	乡级国有资本经营预算支出功能分类类级科目	1
21	乡级国有资本经营预算支出经济分类类级科目	1
22	各地市本级国有资本经营预算收入款级科目	1
23	各地市本级国有资本经营预算支出功能分类类级科目	1
24	各地市本级国有资本经营预算支出经济分类类级科目	1
25	各县本级国有资本经营预算收入款级科目	1
26	各县本级国有资本经营预算支出功能分类类级科目	1
27	各县本级国有资本经营预算支出经济分类类级科目	1

(5)政府资产负债的信息要素及权重

政府资产负债涵盖除社会保险基金和国有企业基金之外的所有政府资产与负债,包括一般公共预算基金、政府性基金、国有资本经营预算基金、财政专户管理资金所形成的资产和负债(见表3—8和表3—9)。

表3—8　　资产负债表框架

资产	负债
金融资产	短期负债
存款	暂存款
有价证券	应付款
在途款	短期借款
暂付款	长期负债
固定资产	1～3年
地产	3～5年
房产建筑	5年以上
设备	净资产
	金融净资产
	预算结余
	基金预算结余
	国有资本经营预算结余
	专用基金结余
	财政专户管理资金结余
	预算稳定调节基金
	预算周转金
	非金融净资产

表3—9　　政府资产负债的信息要素及权重

序号	信息要素	权重
1	政府资产负债总额	1
2	政府资产一级分类信息	1
3	政府资产二级分类信息	1
4	政府负债一级分类信息	1
5	政府负债二级分类信息	1
6	政府净资产一级分类信息	1
7	政府净资产二级分类信息	1

（6）部门预算及相关信息的信息要素及权重

关于2018年部门预算及相关信息的透明度评估，从表3—10所给出的评估标准来看，此次所评估的信息共涉及三大类型：一是关于预算单位的财务信息，二是关于预算单位的人员信息，三是关于机构的信息。对于各类信息评估的内容及其具体方式，大致如下：

首先，关于财务信息，包括流量方面的部门收支信息以及部门资产信息。此方面所涉及的问题共有20个。其一，关于收入方面的信息涉及1个问题，主要是考察部门收入的分类信息（财政拨款、上级补助收入、事业收入、经营收入、附属单位缴款与其他收入6类）。其二，关于支出方面的信息涉及15个问题，分为部门支出按功能和按经济性质两大类，各自所涉及的问题分别为9个和6个。其中，关于支出按功能分类的信息，首先是整体支出按功能分类的类、款、项三个科目，涉及3个问题，其次是基本支出和项目支出各自的类、款、项科目，涉及6个问题，共计9个问题。对于支出按经济性质分类的信息，首先是整体支出按经济性质分类的类、款两个科目，其次是基本支出和项目支出各自的类、款项目，涉及4个问题，共计6个问题。其三，关于部门资产信息涉及4个问题，包括单位的流动资产、固定资产信息及其相关的补充信息。各问题具体涉及的内容见表3—10。

表3—10　　部门预算及相关信息评估框架

信息要素	信息要素明细	权重	说明
部门收入分类	部门收入分类	1	财政拨款等6个信息项
部门支出功能分类	部门支出功能分类类级科目	1	一般公共服务等23个信息项
	部门支出功能分类款级科目	1	如教育的教育管理
	部门支出功能分类项级科目	1	如高等教育
部门支出经济分类	部门支出经济分类类级科目	1	工资福利支出等13个信息项
	部门支出经济分类款级科目	1	基本工资等98个信息项
基本支出功能分类	基本支出功能分类类级科目	1	一般公共服务等
	基本支出功能分类款级科目	1	如教育的教育管理
	基本支出功能分类项级科目	1	如高等教育
基本支出经济分类	基本支出经济分类类级科目	1	工资福利支出等13个信息项
	基本支出经济分类款级科目	1	基本工资等98个信息项

续表

信息要素	信息要素明细	权重	说明
项目支出功能分类	项目支出功能分类类级科目	1	一般公共服务等
	项目支出功能分类款级科目	1	如教育的教育管理
	项目支出功能分类项级科目	1	如高等教育
项目支出经济分类	项目支出经济分类类级科目	1	工资福利支出等13个信息项
	项目支出经济分类款级科目	1	基本工资等98个信息项
部门资产信息	一级分类信息	1	流动资产、固定资产等5类
	二级分类信息	1	房屋、汽车等4类
	三级分类信息	1	办公用房等11类
	补充资产信息	1	占地面积等
部门人员情况	人员编制总数及各类人员数	1	行政编制与事业编制
	实有人员总数及各类人员数	1	在职人员、离休人员、退休人员
	按经费来源划分的各类人员数	1	公共财政预算拨款开支、公共预算财政补助开支、经费自理
部门机构设置	一级分类信息	1	机构总数
	二级分类信息	1	行政、事业与其他
	三级分类信息	1	共产党机关等10类

其次，关于人员信息，主要是部门人员编制和实有人员的信息，涉及3个问题，分别是人员综述及各类人员数(行政编制与事业编制等)、实有人员总数及各类人员数(在职人员、离休人员与退休人员等)，以及按经费来源的各类人员数(公共财政拨款开支人数、公共预算财政补助开支人数、经费自理人数等)。

最后，关于机构的信息涉及三个层次的3个问题：一是机构总数，二是行政与事业机构数，三是共产党机关等方面的机构数。

(7)社会保险基金的信息要素及权重

社会保险基金的信息要素主要涉及各项社会保险基金的收支信息、资产负债信息以及分级信息(社会保险基金在各个层级政府之间的分布情况)，详见表3—11。此外，由于养老基金涉及未来政府的养老负担，因此，政府有必要提供长期精算报告。

表 3-11　　社会保险基金的信息要素及权重

序号	信息要素	权重
1	各项社会保险基金的收支总额	1
2	各项社会保险基金的收入类级科目	1
3	各项社会保险基金的收入款级科目	1
4	各项社会保险基金的支出类级科目	1
5	各项社会保险基金的支出款级科目	1
6	各项社会保险基金收支分级信息(类级科目)	1
7	各项社会保险基金的基本数字(类级科目)	1
8	各项社会保险基金资产的类级科目	1
9	各项社会保险基金资产的款级科目	1
10	各项社会保险基金资产的项级科目	1
11	各项社会保险基金负债的类级科目	1
12	各项社会保险基金负债的款级科目	1
13	各项社会保险基金负债的项级科目	1
14	养老基金的长期收支预测	1

(8)国有企业基金的信息要素及权重

国有企业基金的信息要素主要包括国有企业的四张表(资产负债表、利润表、现金流量表、所有者权益变动表)、各家政府直属企业的基本经营数字(资产总额、负债总额、所有者权益总额、国有资本及权益总额、营业总收入、利润总额、净利润总额、归属母公司所有者权益的净利润)、各家政府直属企业的详细经营情况(按照国内上市公司同等信息披露要求),详见表 3-12。

表 3-12　　国有企业基金的信息要素及权重

序号	信息要素	权重
1	国有企业的收入、费用和利润总额	1
2	国有企业的资产、负债及所有者权益总额	1
3	国有企业资产负债表	1
4	国有企业利润表	1
5	国有企业现金流量表	1

续表

序号	信息要素	权重
6	国有企业所有者权益变动表	1
7	政府直属企业主要指标表	1
8	政府直属企业达到与国内上市公司同等信息披露要求	1

(9)被调查者态度的信息要素及权重

被调查者态度的信息要素包括政府和部门两个层次(见表3—13)。政府主要是指负责总体财政资金信息公开的管理部门,包括财政厅(局)、人力资源和社会保障厅(局)、国有资产监督管理委员会和政府信息公开办公室;部门是指本项目组重点调查的11个省级部门,包括省级人民政府办公厅、人大常委会办公厅、政协办公厅、教育、财政、国税、地税、工商、卫生、交通、环保共11个单位。

表3—13　　被调查者态度的信息要素及权重

序号	信息要素	权重
1	政府态度与责任心	1
2	部门态度与责任心	1

4 省级一般公共预算基金透明度评估

一般公共预算是对以税收为主体的财政收入，安排用于保障和改善民生、推动经济社会发展、维护国家安全、维持国家机构正常运转等方面的收支预算。省级一般公共预算基金透明度评估是关于我国内地31个省级政府一般公共预算收支信息公开状况的年度调查及评估。主要调查对象为31个省级政府2016年度一般公共预算决算数，主要调查内容（提纲）为政府一般公共预算中比较重要的6张决算表，主要调查方法为相关政府出版物检索、相关政府网站搜寻、向省级政府的政府信息公开办公室和财政厅（局）提出信息公开申请。依据政府收支分类科目和财务管理规范以及事先设定的评分标准，项目组对31个省级政府相关年度公共预算调查资料进行评估，以期反映目前我国省级一般公共预算收支信息公开状况。

4.1 一般公共预算基金透明度评估标准说明

与2013—2017年一般公共预算基金透明度调查内容一致，项目组根据财政部要求各级政府编制的"一般公共预算收支决算总表"（决算01表）"一般公共预算收入决算明细表"（决算04表）"一般公共预算支出决算功能分类明细表"（决算05表）"一般公共预算收支决算分级表"（决算07表）"一般公共预算收支及平衡情况表”(决算09表)这5张决算表设计了一般公共预算基金透明度调查提纲,涉及20项信息要素内容。另外,按照政府收支分类科目的设置,项目组还设计了一般公共预算支出经济分类支出信息的调查提纲,涉及8项信息要素内容。一般公共预算基金透明度调查信息要素可分为省总预算收支信息和各省份一般公共预算分级收支信息两类(见表4—1)。

表4—1　　一般公共预算基金透明度评分标准

序号	信息要素	权重	序号	信息要素	权重
1	省总预算公共预算收支总额	2	15	地市本级公共预算支出功能分类类级科目	1
2	省总预算公共预算收入类级科目	2	16	地市本级公共预算支出经济分类类级科目	1
3	省总预算公共预算收入款级科目	2	17	县本级公共预算收入类级科目	1
4	省总预算公共预算收入项级科目	2	18	县本级公共预算支出功能分类类级科目	1
5	省总预算公共预算收入目级科目	2	19	县本级公共预算支出经济分类类级科目	1
6	省总预算公共预算支出功能分类类级科目	2	20	乡级公共预算收入类级科目	1
7	省总预算公共预算支出功能分类款级科目	2	21	乡级公共预算支出功能分类类级科目	1
8	省总预算公共预算支出功能分类项级科目	2	22	乡级公共预算支出经济分类类级科目	1
9	省总预算公共预算支出经济分类类级科目	2	23	各地市本级公共预算收入类级科目	1
10	省总预算公共预算支出经济分类款级科目	2	24	各地市本级公共预算支出功能分类类级科目	1
11	省本级公共预算收入类级科目	1	25	各地市本级公共预算支出经济分类类级科目	1
12	省本级公共预算支出功能分类类级科目	1	26	各县本级公共预算收入类级科目	1
13	省本级公共预算支出经济分类类级科目	1	27	各县本级公共预算支出功能分类类级科目	1
14	地市本级公共预算收入类级科目	1	28	各县本级公共预算支出经济分类类级科目	1

第一类为10项省总预算一般公共预算收支信息要素,每项信息要素的权重为2。具体来说,包括1项一般公共预算收支规模信息要素(省总预算公共预算收支总额)、4项一般公共预算收入信息要素(省总预算公共预算收入类级科目、省总预算公共预算收入款级科目、省总预算公共预算收入项级科目、

省总预算公共预算收入目级科目)、5 项一般公共预算支出信息要素(省总预算公共预算支出功能分类类级科目、省总预算公共预算支出功能分类款级科目、省总预算公共预算支出功能分类项级科目、省总预算公共预算支出经济分类类级科目、省总预算公共预算支出经济分类款级科目)。若某省份按财政部决算编制要求公布了决算 01 表、决算 04 表和决算 05 表,则总预算透明度调查的前 8 个信息调查要素每项得分为 2。如果该省份进一步公布了省总预算一般公共预算支出的经济分类类级科目和款级科目,则该省份总预算透明度调查前 10 个信息调查要素每项得分都为 2;如果该省份只公布了省总预算一般公共预算基本支出的经济分类类级科目和款级科目,则第 9 项和第 10 项信息要素减半计分。

第二类为 18 项分级预算一般公共预算收支信息要素,每项信息要素的权重为 1。具体来说,包括 3 项省本级一般公共预算收支信息要素(省本级公共预算收入类级科目、省本级公共预算支出功能分类类级科目、省本级公共预算支出经济分类类级科目)、3 项地市本级一般公共预算收支信息要素(地市本级公共预算收入类级科目、地市本级公共预算支出功能分类类级科目、地市本级公共预算支出经济分类类级科目)、3 项县本级一般公共预算收支信息要素(县本级公共预算收入类级科目、县本级公共预算支出功能分类类级科目、县本级公共预算支出经济分类类级科目)、3 项乡级一般公共预算收支信息要素(乡本级公共预算收入类级科目、乡本级公共预算支出功能分类类级科目、乡本级公共预算支出经济分类类级科目)、3 项分地区的地市本级一般公共预算收支信息(各地市本级公共预算收入类级科目、各地市本级公共预算支出功能分类类级科目、各地市本级公共预算支出经济分类类级科目)、3 项分地区的县级一般公共预算收支信息(各县本级公共预算收入类级科目、各县本级公共预算支出功能分类类级科目、各县本级公共预算支出经济分类类级科目)。若某省份按财政部决算编制要求公布了决算 07 表、决算 09 表,并按项目组政府信息公开申请提供了一般公共预算支出的经济性质分类科目信息,则该省份在分级预算的 18 个信息调查要素中每项信息要素得分为 1 分,分级预算部分的透明度得分为 18 分。若某省份按财政部决算编制要求公布了决算 07 表、决算 09 表,并按财政部要求只公布了省本级一般公共预算基本支出的经济性质分类科目信息,则第 13 项信息要素得分为 0.5 分,第 16、19、22、25、28 项信息要素得分为 0,其余 12 项信息要素每项得分为 1 分,分级预算部分的透明度得分为 12.5 分。

4.2 一般公共预算基金透明度总体概况

31个省份2018年一般公共预算基金透明度评估平均得分为66.52分，比2017年评估平均分57.50分高9.02分，比2016年评估平均分55.15分高11.37分；2018年一般公共预算基金透明度评估最高分为100分，比2017年评估最高分78.95分高21.05分，比2016年评估最高分73.08分高26.92分；2018年一般公共预算基金透明度评估最低分为29.50分，比2017年评估最低分26.32分高3.18分，比2016年评估最低分28.18分低1.32分（见表4—2）。上述结果意味着无论是从平均分来看，还是从最高分和最低分来看，2018年一般公共预算基金透明度比往年都有所提高。

表4—2　　31个省份一般公共预算基金透明度得分及排名(2018)

排名	省份	百分制得分	排名	省份	百分制得分
1	四川	100.00	17	广西	73.68
2	甘肃	89.04	17	重庆	73.68
3	西藏	85.09	17	陕西	73.68
4	天津	76.32	20	辽宁	68.42
4	福建	76.32	21	青海	65.79
4	湖南	76.32	22	山东	58.55
4	广东	76.32	23	新疆	57.89
4	宁夏	76.32	24	上海	53.95
9	北京	75.00	25	贵州	52.96
9	山西	75.00	26	黑龙江	51.86
9	吉林	75.00	27	河南	47.37
9	浙江	75.00	28	云南	38.16
9	安徽	75.00	29	江苏	31.47
9	海南	75.00	30	江西	30.92
15	河北	74.34	31	内蒙古	29.50
16	湖北	74.21			
31个省份平均得分：66.52					

根据各省份一般公共预算基金透明度得分情况，可以将31个省份大致分成以下四组：第一组是得分超过80分的省份；第二组是得分区间在[70,80)的省份；第三组是得分区间在[60,70)的省份；第四组是得分在60分以下的省份。具体来说：

第一组得分超过80分的3个西部省份是四川省、甘肃省和西藏自治区。四川省2018年一般公共预算基金透明度得分为100分，即四川省财政部门不仅依申请公开了“一般公共预算收支决算总表”“一般公共预算收入决算明细表”“一般公共预算支出决算功能分类明细表”“一般公共预算收支决算分级表”“一般公共预算收支及平衡情况表”这5张决算表，还按照项目组的申请提供了省总预算支出的经济性质分类科目和一般预算支出按经济性质分类的分级信息和分地区信息。甘肃省得分较高的原因也在于依申请公开了按财政部决算要求编制的5张决算表格和省总预算支出的经济性质分类科目，同时还在官方网址公开了省本级一般预算支出按经济性质分类的科目。西藏自治区得分来自官方网址公布的关于省总预算和省本级预算的5张决算表格和一般预算支出经济性质分类科目信息。

第二组是得分超过70分但低于80分的16个省份，其中来自东部地区的有北京、天津、福建、广东、浙江、海南、河北7个省份，来自中部地区的有湖南、山西、安徽、吉林、湖北5个省份，来自西部地区的有宁夏、广西、重庆、陕西4个省份。在上述16个省份中，天津、福建、湖南、广东、宁夏得分均为76.32分，公开的信息要素涉及财政部统一要求编制的5张决算表格和省本级预算支出经济性质分类类级科目；北京、山西、吉林、浙江、安徽、海南得分均为75分，公开的信息要素涉及财政部统一要求编制的5张决算表格和省本级预算基本支出经济性质分类类级科目，其中北京市的资料来源是《北京财政年鉴》。

第三组是得分超过60分但低于70分的辽宁省和青海省。辽宁省的得分信息要素主要是“一般公共预算收支决算总表”“一般公共预算收入决算明细表”“一般公共预算支出决算功能分类明细表”和“一般公共预算收支决算分级表”，辽宁省财政部门未统一公开各县一般预算收支信息，省本级预算支出经济性质分类支出也只公开了基本支出按经济性质分类的信息。青海省公开的信息与辽宁省类似，但少了各地市的一般预算收支信息。

第四组是得分低于60分的10个省份，其中来自东部地区的有山东、上海、江苏3个省份，来自中部地区的有黑龙江、河南、江西3个省份，来自西部地区的有新疆、贵州、云南、内蒙古4个省份。在上述10个省份中，得分最低的是内蒙古自治区，项目组获取的信息只有内蒙古财政部门在官方网站公布的第11、12、13项信息要素（其中自治区本级预算支出经济性质分类信息只有基本支出的信息)和《中国财政年鉴》统一公布的第 1、2、3、6 项信息要素以及《内蒙古统计年鉴》中的第 24 项部分信息要素。

4.3 一般公共预算基金透明度的分项目比较

省总预算收支信息包括 1 项一般公共预算收支规模信息要素、4 项一般公共预算收入信息要素和 5 项一般公共预算支出信息要素,其中《中国财政年鉴》统一公布了 31 个省份的省总预算公共预算收支总额、省总预算公共预算收入类级科目、省总预算公共预算收入款级科目和省总预算公共预算支出功能分类类级这 4 项目信息要素的内容,31 个省份得分没有任何差异。由于各省份是否公布"一般公共预算收入决算明细表"和"一般公共预算支出决算功能分类明细表"存在较大差异,因而在其他省总预算收支信息要素得分方面存在较大的省际差异。

就一般公共预算收入信息公开情况而言,所有省份都公开了省总预算公共预算收入类级科目和省总预算公共预算收入款级科目,但公开程度细化到项级科目和目级科目的省份只有 24 个(见表 4—3)。在公开项级科目和目级科目的 24 个省份中,北京市和广西壮族自治区的公开方式分别为《北京财政年鉴》和《广西财政年鉴》,西藏自治区和新疆维吾尔自治区的公开方式为政府网站,其余省份选择了依申请公开的方式。由此可知,政府部门主动披露细节性一般公共预算收入信息的程度依然很低。按照政府收支分类科目的设置,公共预算收入类级科目设置了"税收收入"和"非税收入"等科目,"税收收入"下又设置"增值税"等款级科目,根据每项信息要素实际公开的科目数量和理论上应公开的科目数量计算每项信息要素得分的平均值,可以发现一般预算收入信息公开程度较高,但越是细化的预算收入信息,政府部门主动披露的程度越低。

表 4—3　　省总预算一般公共预算收入信息公开情况(2018)

信息要素	全部公开	部分公开	未公开	平均得分
省总预算公共预算收支总额	31	0	0	100
省总预算公共预算收入类级科目	31	0	0	100
省总预算公共预算收入款级科目	31	0	0	100
省总预算公共预算收入项级科目	24	0	7	77.42
省总预算公共预算收入目级科目	24	0	7	77.42

就一般公共预算支出信息公开情况而言，所有省份都公开了省总预算公共预算支出类级科目，但公开程度细化到款级科目和项级科目的分别有 26 个省份和 25 个省份（见表 4—4）。在公开项级科目和目级科目的省份中，北京市和广西壮族自治区的公开方式为《北京财政年鉴》和《广西财政年鉴》，内蒙古自治区的公开方式是《内蒙古统计年鉴》但公开的款级科目信息不完全，辽宁省、黑龙江省、西藏自治区和新疆维吾尔自治区的公开方式为政府网站，其余省份选择了依申请公开的方式。由此可知，政府部门主动披露细节性一般公共预算支出信息的程度依然很低。按照政府收支分类科目的设置，公共预算支出类级科目设置了"一般公共服务支出"和"国防支出"等科目，"一般公共服务支出"下又设置"人大事务"等款级科目和"行政运行"等项级科目，根据每项信息要素实际公开的科目数量和理论上应公开的科目数量计算每项信息要素得分的平均值，可以发现一般预算支出信息公开程度较高，但越是细化的预算支出信息，政府部门主动披露的程度越低。与公开预算支出功能分类科目信息的省份相比，公开预算支出经济性质分类的省份很少，四川省和甘肃省依申请公开了预算支出经济性质分类科目，西藏自治区在网站上公开了预算支出经济性质分类科目。

表 4—4　　　　　省总预算一般公共预算支出信息公开情况（2018）

信息要素	全部公开	部分公开	未公开	平均得分
省总预算公共预算支出功能分类类级科目	31	0	0	100
省总预算公共预算支出功能分类款级科目	19	7	5	79.84
省总预算公共预算支出功能分类项级科目	19	6	6	78.49
省总预算公共预算支出经济分类类级科目	3	0	28	9.68
省总预算公共预算支出经济分类款级科目	3	0	28	9.68

为了更清楚地反映各本级政府在公共预算调查项目上的信息公开状况，项目组在公共预算透明度调查提纲中专门设置了政府"分级预算"一块内容。在政府分级预算中，又包含了"分级汇总预算"和"分级明细预算"两部分。在"分级汇总预算"部分，对政府按照预算层级进行纵向分类，分为省本级政府、地市本级政府、区县本级政府、乡镇级政府。以此为依据，"分级汇总预算"部分设置了四大类信息调查项目（其中包含 12 个信息调查要素），分别是：省本级政府公共预算收支类级科目（其中包含 3 个信息调查要素）、汇总的地市本级政府公共预算收支类级科目（其中包含 3 个信息调查要素）、汇总的区县本级政府公共预算收支类级科目（其中包含 3 个信息调查要素）、汇总的乡镇级

政府公共预算收支类级科目(其中包含3个信息调查要素)。

就一般公共预算收支分级信息公开情况而言,所有省份都在省级人民政府门户网站公开了省本级预算收入类级科目和预算支出功能分类的类级科目,但北京市、江苏省、山东省和西藏自治区这4个省份公布的功能分类类级科目信息不完备,未细化公开的支出项目集中在国防支出、公共安全支出等"涉密"信息方面,不过,北京市在《北京财政年鉴》披露了完整的信息。天津、福建、湖南、广东、四川、西藏、青海、宁夏这8个省份公布了省本级预算支出经济分类类级科目,广西、重庆、陕西、新疆这4个省份的省本级预算支出经济分类类级科目未公开,其他19个省份选择公开了省本级预算基本支出经济分类类级科目。就省以下地方政府预算收支信息公开情况而言,天津、山西等19个省份依申请公开了"一般公共预算收支决算分级表",北京、黑龙江、河南、广西、贵州这5个省份则在"财政年鉴"或"统计年鉴"中披露了部分预算收支分级信息,但只有四川省依申请公开了预算支出经济性质分类信息。从表4—5可知,无论是预算收入科目还是预算支出科目,随着预算层级从省级逐渐向乡级下降,信息要素的平均得分在逐步下降;无论哪个层级的预算支出,按功能分类的支出信息披露程度高于按经济性质分类的支出信息;依申请公开预算收支分级信息省份的透明度得分高于公开出版物披露预算收支分级信息省份的透明度得分。

表4—5　　一般公共预算收支分级信息公开情况(2018)

信息要素	全部公开	部分公开	未公开	平均得分
省本级公共预算收入类级科目	31	0	0	100
省本级公共预算支出功能分类类级科目	28	3	0	97.85
省本级公共预算支出经济分类类级科目	8	19	4	55.48
地市本级公共预算收入类级科目	27	0	4	87.09
地市本级公共预算支出功能分类类级科目	25	2	4	85.21
地市本级公共预算支出经济分类类级科目	1	0	30	3.23
县本级公共预算收入类级科目	27	0	4	87.09
县本级公共预算支出功能分类类级科目	25	2	4	85.21
县本级公共预算支出经济分类类级科目	1	0	30	3.23
乡级公共预算收入类级科目	25	0	6	80.64
乡级公共预算支出功能分类类级科目	23	2	6	78.76
乡级公共预算支出经济分类类级科目	1	0	30	3.23

就一般公共预算收支分地区信息公开情况而言，天津、山西等13个省份依申请公开了“一般公共预算收支及平衡情况表”，相应的得分信息要素有“各地市本级公共预算收入类级科目”“各地市本级公共预算支出功能分类类级科目”“各县本级公共预算收入类级科目”和“各县本级公共预算支出功能类级科目”。除此之外，《北京财政年鉴》《河北财政年鉴》《内蒙古统计年鉴》等公开出版物也或多或少地披露了一般预算收支分地区信息。不过，公开“各地市本级公共预算支出经济分类类级科目”和“各县本级公共预算支出经济分类类级科目”这两项信息要素的只有四川省和甘肃省。从表4—6可知，无论是预算收入科目还是预算支出科目，各地市预算收支信息要素的平均得分要高于各县预算收支信息要素的平均得分；无论哪个层级的预算支出，按功能分类的支出信息披露程度高于按经济性质分类的支出信息。在评估中，考虑到北京市、天津市、上海市和重庆市地方政府只有区县级政府而没有设区市政府，如果直辖市公布了各区县的收支信息，视同公布了省以下地方政府的收支信息。

表4—6　　一般公共预算收支分地区信息公开情况(2018)

信息要素	全部公开	部分公开	未公开	平均得分
各地市本级公共预算收入类级科目	25	0	6	80.64
各地市本级公共预算支出功能分类类级科目	21	6	4	75.40
各地市本级公共预算支出经济分类类级科目	2	0	29	6.45
各县本级公共预算收入类级科目	20	1	10	65.31
各县本级公共预算支出功能分类类级科目	19	1	11	61.42
各县本级公共预算支出经济分类类级科目	2	0	29	6.45

4.4　一般公共预算基金透明度的年度比较

图4—1展示了一般公共预算基金透明度的年度变化情况，从中可知得分在60分以下的省份从2014年的25个逐年下降到了2018年的10个，而得分在70～80分的省份从2014年的2个逐年增加到了2018年的16个，得分在80分以上的省份也从2014年的1个逐年增加到了2018年的3个。这说明在社会各界的共同努力下，一般公共预算基金公开取得了较大的进展。2016

年度一般公共预算基金决算信息公开取得的成绩与财政信息公开制度的不断健全有很大的关联。2016 年，中共中央办公厅和国务院办公厅印发《关于进一步推进预算公开工作的意见》，要求各级政府和各部门扩大预算公开范围，细化预决算公开内容，“各级政府预决算支出应当全部公开到功能分类项级科目(涉密信息除外)，按规定公开到经济分类科目(涉密信息除外)”；财政部印发了《地方预决算公开操作规程》，要求“地方一般公共预算原则上至少公开 6 张报表，包括：①一般公共预算收入表。②一般公共预算支出表。③一般公共预算本级支出表。④一般公共预算本级基本支出表。⑤一般公共预算税收返还和转移支付表。⑥政府一般债务限额和余额情况表。地方本级汇总的一般公共预算“三公”经费，包括预算总额，以及因公出国(境)费、公务用车购置及运行费(区分公务用车购置费、公务用车运行费两项)、公务接待费分项数额，由地方各级财政部门负责公开，并对增减变化情况进行说明”。在上述制度规定的要求下，地方政府在 2017 年加大了依申请公开力度，近 2/3 的省份向本项目组提供了一般公共预算的相关决算表格。

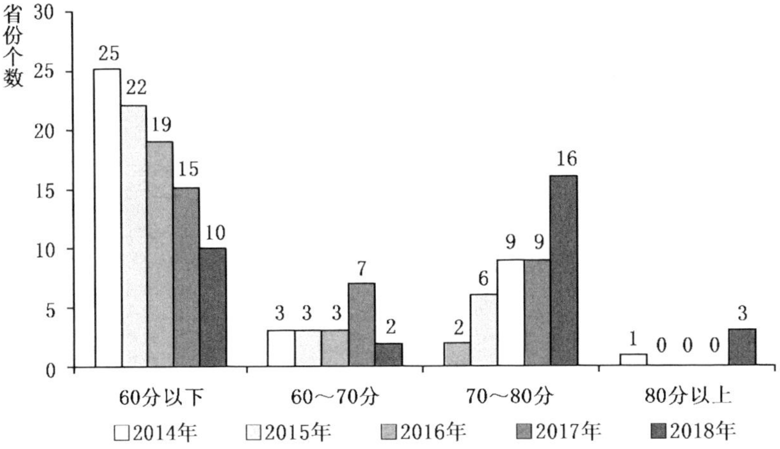

图 4—1　一般公共预算基金透明度分组情况的年度比较

在一般公共预算基金透明度整体水平逐年提高的同时，我们也看到了各省份一般公共预算基金透明度得分的年度变化。比较 2017 年和 2018 年一般公共预算基金透明度的得分差异，可以发现江苏、内蒙古、新疆、山东、辽宁、河南、贵州、江西这 8 个省份的得分有所下降，其中得分下降幅度最大的江苏省由于在 2018 年度评估中不再依申请公开相关决算表格，故其一般公共预算基金透明度得分在 2018 年评估中下降了 43.27 分。另外，福建、安徽、广西这 3

个省份一般公共预算基金透明度得分未发生变化。上海、山西、黑龙江、湖北、陕西等19个省份的一般公共预算基金透明度得分则有所提高，其中陕西省和湖北省提升幅度分别达到47.36分和46.58分，这两个省份在2018年度评估中得分上升较快的原因是依申请公开力度加大了，而北京市得分提高的原因在于项目组能获取最新版的《北京财政年鉴》，未公开出版发行的《北京财政年鉴》包含较多的细节性一般公共预算收支信息。从上述变化情况来看，财政部门加大依申请公开力度有可能使得一般公共预算基金透明度得分大幅上升，而忽视依申请公开力度则反过来会使一般公共预算基金透明度得分大幅下降，因而得分高低在很大程度上取决于当地政府部门对政府信息公开申请的重视程度。如果将一般公共预算基金透明度得分的年度比较时间放得更远，比较2014年度评估结果和2018年度评估结果，我们发现在这5年间一般公共预算基金透明度得分下降的只有内蒙古、福建、黑龙江、新疆和山东这4个省份，广西壮族自治区得分维持不变，云南、江西、湖南、西藏等25个省份的得分均有不同程度的提高，其中西藏自治区从2014年的21.05分增长到了2018年的85.09分，增长64.04分。

如果进一步逐年比较各省份的一般公共预算基金透明度得分，我们发现一些省份呈现出了比较明显的变化规律，而大部分缺乏明显的变化规律(见表4—7)。例如，北京市一般公共预算基金透明度有先升后降再升的特征，在2016年稳步上升后又逐年下降；福建省、广西省、甘肃省这3个省份的得分则每年维持在相对较高的状态；江西省、云南省这两个省份的得分则每年维持在相对较低的状态；吉林省和湖北省在以往4年评估中一直处于低分状态但在2018年评估中得分突然升高，四川省则是在2017年和2018年评估中突然升高。当然，我们没有看到一般公共预算基金透明度逐年下降的情形，这与财政透明度水平不断提高是一致的。

表4—7　　各省份一般公共预算基金透明度得分的年度比较

省份	2014年	2015年	2016年	2017年	2018年	近两年比较	近五年比较
北京	63.16	68.42	73.68	69.47	75.00	↑	↑
天津	52.63	44.74	57.89	46.65	76.32	↑	↑
河北	21.05	36.84	46.37	38.16	74.34	↑	↑
山西	34.74	73.68	73.68	74.47	75.00	↑	↑
内蒙古	42.11	52.63	56.58	44.74	29.50	↓	↓
辽宁	47.37	52.63	73.68	76.32	68.42	↓	↑

续表

省份	2014年	2015年	2016年	2017年	2018年	近两年比较	近五年比较
吉林	47.37	48.03	36.84	37.83	75.00	↑	↑
黑龙江	57.89	36.84	46.00	51.32	51.86	↑	↓
上海	29.47	52.63	52.63	53.68	53.95	↑	↑
江苏	21.05	32.37	30.37	74.74	31.47	↓	↑
浙江	44.74	52.63	56.14	64.21	75.00	↑	↑
安徽	31.58	73.46	73.68	75.00	75.00	—	↑
福建	84.21	78.95	73.68	76.32	76.32	—	↓
江西	21.05	21.05	38.71	32.24	30.92	↓	↑
山东	63.16	63.05	68.75	66.51	58.55	↓	↓
河南	21.05	41.67	46.38	51.97	47.37	↓	↑
湖北	21.05	26.21	36.84	27.63	74.21	↑	↑
湖南	21.05	26.32	73.68	69.74	76.32	↑	↑
广东	26.32	57.68	52.63	50.24	76.32	↑	↑
广西	73.68	73.46	73.68	73.68	73.68	—	—
海南	21.05	63.16	57.89	64.47	75.00	↑	↑
重庆	52.63	27.68	43.97	47.37	73.68	↑	↑
四川	47.37	47.37	31.58	78.95	100.00	↑	↑
贵州	21.05	34.86	61.40	54.48	52.96	↓	↑
云南	31.58	26.32	28.18	36.62	38.16	↑	↑
西藏	21.05	71.05	49.23	63.16	85.09	↑	↑
陕西	21.05	26.32	38.71	26.32	73.68	↑	↑
甘肃	73.68	73.68	73.68	76.32	89.04	↑	↑
青海	36.84	38.68	41.10	36.62	65.79	↑	↑
宁夏	21.05	36.84	73.68	73.68	76.32	↑	↑
新疆	63.16	52.63	68.42	69.74	57.89	↓	↓

注:“↑”表示透明度得分上升,“↓”表示透明度得分下降,“—”表示透明度得分维持不变。

4.5 一般公共预算的“涉密”信息公开问题

《中华人民共和国预算法》规定了涉及国家秘密的预算信息不向社会公开。为解决涉密预算信息公开如何操作的问题，财政部 2016 年出台的《地方预决算公开操作规程》规定了涉密事项管理措施：“地方各级财政部门和各部门在依法公开政府预决算、部门预决算时，对涉及国家秘密的内容不予公开。部分内容涉及国家秘密的，在确保安全的前提下，按照下列原则处理：(一)同一功能分类款级科目下，大部分项级科目涉密的，仅公开到该款级科目；(二)同一功能分类类级科目下，大部分款级科目涉密的，仅公开到该类级科目；(三)个别功能分类款级科目或项级科目涉密的，除不公开该涉密科目外，同一级次的‘其他支出’科目也不公开。”至于哪些预算信息涉及国家秘密问题，《地方预决算公开操作规程》指出，由地方各级财政部门和各部门根据《中华人民共和国保守国家秘密法》《中华人民共和国政府信息公开条例》等法律、法规规定进行审查后决定。对此，我们进一步检索《中华人民共和国保守国家秘密法》和《中华人民共和国政府信息公开条例》对保密信息范围的规定。2010 年修订的《中华人民共和国保守国家秘密法(2010 年修订)》第九条规定：“下列涉及国家安全和利益的事项，泄露后可能损害国家在政治、经济、国防、外交等领域的安全和利益的，应当确定为国家秘密：(一)国家事务重大决策中的秘密事项；(二)国防建设和武装力量活动中的秘密事项；(三)外交和外事活动中的秘密事项以及对外承担保密义务的秘密事项；(四)国民经济和社会发展中的秘密事项；(五)科学技术中的秘密事项；(六)维护国家安全活动和追查刑事犯罪中的秘密事项；(七)经国家保密行政管理部门确定的其他秘密事项。政党的秘密事项中符合前款规定的，属于国家秘密。”2017 年的《中华人民共和国政府信息公开条例(修订草案征求意见稿)》对涉密信息的规定更加明确，同时也更加关注信息公开后是否会造成国家的安全稳定。该条例第十四条规定：“以下信息可不予公开：(一)公开后可能对国防、外交、国家安全、领土完整、民族团结等国家利益产生不利影响的信息；(二)公开后可能影响重大经济金融政策的有效实施、信息安全或者造成经济金融市场异常波动的信息；(三)经地方同级人民政府确认，公开后可能在一定范围内危害公共安全、社会稳定的信息，或者涉及民族、宗教、侨胞等事项公开后可能造成不利影响的信息。依法确定为国家秘密的信息和其他法律、法规禁止公开的信息不得公开。”第十六条规定：“行政机关不得公开涉及商业秘密的政府信息，不得公开涉及他人身份、通讯、健康、婚姻、家庭、财产状况等个人隐私的政府信息。但是，经权利人同意公开或者行政机关认为不公开可能对公共利益造成重大影响的，可以予以公开。”第十七条规定：“行政机关内部的工作流程、人事管理、后勤管理等有关行政机关内部事务的信息，可不予公开。”

根据上述规定，一般认为国防支出、外交支出、公共安全支出存在涉密信息公开问题。鉴于外交支出主要是中央政府的支出责任，我们以省本级的国防支出为例说明地方政府是如何在门户网站主动向社会公开“涉密”信息的。根据政府收支分类科目的设置，每类财政支出按功能分类设置类—款—项三级科目，按经济性质分类设置类—款两级科目。一般来说，款级科目细化程度高于类级科目，而项级科目的细化程度又高于款级科目。类级科目“国防支出”设置了“现役部队”“国防科研事业”“专项工程”“国防动员”和“其他国防支出”5 个款级科目，但除“国防动员”科目外的其他 4 个款级科目下设的项级科目只是款级科目的重复，如款级科目“现役部队”下设的项级科目仍是“现役部队”，“国防科研事业”下设的项级科目仍是“国防科研事业”，公开项级科目无法提供款级科目的增量信息。地方政府承担的国防事务涉及“国防动员”和“其他国防支出”两个款级科目，其中款级科目“国防动员”下设“兵役征集”“经济动员”“其他国防动员”等 8 个项级科目。

从表 4—8 可知，对于所谓“涉密”的国防支出预决算公开问题，各个地区的处理情况并不一致。对于 2017 年度的政府预算，有 21 个省份在省本级预算中公布了国防支出功能分类类级科目、6 个省份在省本级预算中公布了国防支出功能分类款级科目和项级科目；对于 2016 年度的政府决算，有 23 个省份在省本级预算中公布了国防支出功能分类类级科目，5 个省份在省本级预算中公布了国防支出功能分类款级科目和项级科目。由此可知，即便是在同一年的预决算公开中，各地方政府在处理国防支出公开方面前后也并不一致，如内蒙古自治区和福建省 2017 年度预算缺乏国防支出功能分类款级科目和项级科目，但在 2016 年度决算中公开了上述信息，而陕西省在 2017 年度预算中公开了国防支出功能分类类级科目、款级科目和项级科目，但在 2016 年度决算中却没有公开上述信息。

表 4—8　　各地区省本级国防支出预决算主动公开的细化程度

省份	2017 年预算			2016 年决算			省份	2017 年预算			2016 年决算		
	类	款	项	类	款	项		类	款	项	类	款	项
北京	0	0	0	0	0	0	湖北	0	0	0	0	0	0
天津	0	0	0	0	0	0	湖南	1	1	1	1	1	1

续表

省份	2017年预算			2016年决算			省份	2017年预算			2016年决算		
	类	款	项	类	款	项		类	款	项	类	款	项
河北	1	0	0	1	0	0	广东	1	0	0	1	0	0
山西	1	0	0	1	0	0	广西	1	1	1	1	1	1
内蒙古	1	0	0	1	1	1	海南	1	1	1	1	0	0
辽宁	1	0	0	1	0	0	重庆	1	0	0	1	0	0
吉林	1	0	0	1	0	0	四川	1	0	0	1	0	0
黑龙江	1	0	0	1	0	0	贵州	0	0	0	0	0	0
上海	1	1	1	1	1	1	云南	0	0	0	1	0	0
江苏	0	0	0	0	0	0	西藏	0	0	0	0	0	0
浙江	1	0	0	1	0	0	陕西	1	1	1	0	0	0
安徽	1	0	0	1	0	0	甘肃	1	0	0	1	0	0
福建	0	0	0	1	1	1	青海	1	0	0	1	0	0
江西	0	0	0	1	0	0	宁夏	1	0	0	1	0	0
山东	0	0	0	0	0	0	新疆	1	1	1	1	0	0
河南	1	0	0	1	0	0	小计	21	6	6	23	5	5

注:“1”表示该省份公布了相关信息,“0”表示该省份未公布相关信息。

4.6 基本结论

在社会各界的共同努力下,省级政府公开一般公共预算基金的力度逐年加大,在2018年度的评估中,近2/3省份的得分超过了60分,并首次出现了得分100分的情形。不过,各地区一般公共预算基金透明度得分的年度变化较大,一些省份的得分像过山车般忽高忽低,这主要是地方政府对政府信息公开申请的重视程度和依申请公开力度变化造成的。比较各信息要素的得分情况,我们还发现:第一,政府预算不同层级之间的信息公开状况有一定的差异,省级政府一般公共预算信息公开状况显著好于地市级、区县级、乡镇级;第二,公共预算收入透明度调查项目的信息公开状况好于支出项目;在公共预算支出透明度调查项目中,功能类支出项目的信息公开状况显著好于经济类支出项目;第三,公共预算透明度调查项目的预算科目越明细,信息公开状况越差。

5 省级政府性基金透明度评估

省级政府性基金透明度评估是省级财政透明度评估的一个组成部分，主要是对我国内地 31 个省份政府性基金的信息公开状况进行考察。省级政府性基金透明度评估的信息来源于政府网站、公开出版物和依申请公开，其中依申请公开的部门为各省级政府信息公开办公室和财政厅(局)。

5.1 政府性基金透明度调查提纲说明

与过去四年政府性基金透明度评估的做法一样，2018 年的调查提纲仍然向各省份相关部门申请公开“政府性基金收支决算总表”(决算 10 表)、“政府性基金收支及结余情况表”(决算 13 表)、“政府性基金收支决算分级表”(决算 14 表)与“政府性基金收支及平衡情况表”(决算 15 表)4 张表格的信息。

项目组着重考察了各省份政府性基金总预算和分级预算的透明度状况，其中总预算包括按照收支分类科目逐级展开的政府性基金预算收入和支出信息公开状况，分级预算则包括省本级及其下辖的地市级、区县级、乡镇级政府本级政府性基金预算以及地市级和区县级政府本级分地区的明细政府性基金预算的信息公开状况。

根据表格所包含的信息量，项目组为政府性基金预算透明度调查提纲设置了 27 个信息要素，其中，政府性基金总预算部分共包含 9 个信息要素，每个信息要素的权重(或分值)为 2,总分为 18 分;政府性基金预算分级预算部分[①]共包含 18 个信息要素,每个信息要素的权重(或分值)为 1,总分也是 18 分。因此,若某省份公开了以上所有的要素信息,那么,该省份在政府性基金部分的透明度将获得满分 36 分,按百分制计算的满分为 100 分。

5.2 政府性基金透明度概况

项目组以 2016 年省级政府性基金预算决算数为调查对象,采用依申请公开、网上搜索和出版物检索等方式,对我国内地 31 个省份政府性基金的透明度状况进行了调查。调查结果显示(见表 5—1):

表 5—1　　各省政府性基金预算透明度得分及排名(2018)

排名	省份	百分制得分	排名	省份	百分制得分
1	天津	72.22	16	浙江	61.11
1	山西	72.22	16	湖北	61.11
1	吉林	72.22	16	广西	61.11
1	安徽	72.22	16	青海	61.11
1	福建	72.22	16	宁夏	61.11
1	湖南	72.22	16	新疆	61.11
1	广东	72.22	23	北京	33.33
1	海南	72.22	23	黑龙江	33.33
1	重庆	72.22	23	河南	33.33
1	四川	72.22	26	内蒙古	27.78
1	西藏	72.22	26	上海	27.78
1	陕西	72.22	26	江苏	27.78
1	甘肃	72.22	26	贵州	27.78
14	辽宁	66.67	26	云南	27.78
14	山东	66.67	31	江西	25.00
16	河北	61.11			
31 个省份平均得分:56.90					

① 在政府性基金预算分级预算部分,各级收入类级科目实际上展示的是项级科目,支出功能分类类级科目展示的是款级科目,但为使政府性基金评估体系与其他基金保持一致,故此表述,下同。

第一,省级政府性基金透明度逐年不断提高,2018 年为 56.90 分,与前几年相比,提高幅度有明显增加,但仍然未达到及格水平。

省级政府性基金透明度评估结果显示,2018 年 31 个省份该项平均得分为 20.48 分,换算为百分制得分为 56.90 分(见表 5—1),而 2017 年、2016 年和 2015 年的这一评估结果分别为 47.90 分、43.91 分与 39.30 分。这表明,近几年我国政府性基金透明度不断提高,从 2015 年至 2018 年,政府性基金透明度提高了 44.78%,提高幅度明显;特别是今年,政府性基金透明度的百分制得分增加了 9 分,增幅达到 18.79%,比前几年的增幅都高;但同时我们也看到,我国政府性基金透明度水平仍未及格,31 个省份作为一个整体来看的话,目前只公开了省级政府性基金调查项目中约 57%的信息。

第二,各省份政府性基金透明度仍然存在着明显的差异。

在省级政府性基金透明度整体水平不高的情况下,通过进一步分省份考察发现,政府性基金透明度在省际之间存在着明显的差异。

政府性基金预算透明度并列最高的省份是天津、山西、吉林、安徽、福建、湖南、广东、海南、重庆市、四川、西藏、陕西与甘肃,比 2017 年多了 5 个,与 2016 年相比增加了 7 个,这说明近年来越来越多的省份愈加重视政府性基金信息公开工作。这 13 个省份在 27 个评估信息要素中获得了 26 分,换算为按百分制计算的得分高达 72.22 分(见表 5—1),换言之,这 13 个省份除了没有公开 8 项按经济性质分类的信息外,其余 19 项信息都公开了,这些省份政府性基金的透明度不仅超过 31 个省份的平均水平,也明显高于其他省份。

调查结果显示:政府性基金透明度最低的省份是江西省,其百分制得分仅为 25.00 分(见表 5—1),实际得分仅为 9 分,即在政府性基金调查项目上,我们通过现有渠道仅获取了调查项目中的 5 项信息。

比较政府性基金透明度排名表中信息公开最好的省份与信息公开最差的省份,发现两者相差 47.22 分,省际之间在信息公开程度上存在着较大的差异。

第三,省级政府性基金透明度不同项目之间也存在较为明显的差异。

省级政府性基金透明度不仅存在明显的省际差异,并且在不同项目之间的透明度差异也很大。

在 27 个调查项目中,有 4 个信息项的得分为满分,它们分别是省总预算政府性基金预算收支总额、省总预算政府性基金预算收入款级科目、省本级政府性基金预算收入款级科目与省本级政府性基金预算支出功能类级科目,这 4 个信息项在 27 个政府性基金调查项目中占比为 14.81%(见图 5—1),这一状况与上年一致;另有 2 项信息的得分超过了 90%,它们是省总预算政府性基金预算收入项级科目与省本级政府性基金预算收入款级科目，比上年多了1项，即省本级政府性基金预算收入款级科目，这两项在27个政府性基金调查项目中占比为7.41%(见图5—1)；此外，有8个信息项得了零分，这意味着31个省份在这些信息项目上均未公开任何信息，这8个调查项目所考察的是政府性基金总预算和分级预算中支出按经济性质分类的信息，它们在27个政府性基金调查项目中占比为29.63%(见图5—1)，这一状况与前两年一致；另外13个项目的信息公开程度则在0～90%之间，它们在27个政府性基金调查项目中占比为48.15%(见图5—1)。

由此可见，在省级政府性基金预算透明度调查项目中，项目之间在信息公开程度上也存在着较大的差异。

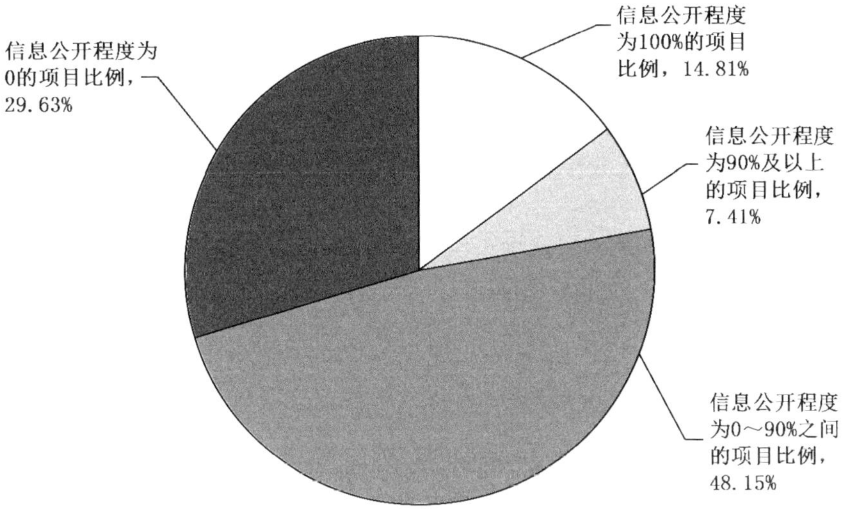

图5—1　政府性基金各项目公开程度占比(2018)

5.3　政府性基金分省份透明度状况

如上所述，尽管省级政府性基金透明度的整体水平仍然不高，但不同省份的信息公开状况存在着较大的差异。为了更好地呈现这种差异，项目组着重从31个省份信息公开的分组情况与变动情况两方面进行了考察，结果发现，政府性基金分省份考察的透明度状况具有如下特点：

第一，政府性基金透明度的省际差异仍然主要表现在组际之间，组内的差距相对较小，比较而言，平均得分次高组与最低组的组内差距更大些。

项目组依据政府性基金透明度得分进一步对31个省份进行了分组，具体分为30分以下、30～60分与60分以上三组。分组结果显示，政府性基金透明度得分在60分以上的省份有22个，比2017年多了9个，它们分别是(按高分到低分排序)天津、山西、吉林、安徽、福建、湖南、广东、海南、重庆、四川、西藏、陕西、甘肃、辽宁、山东、河北、浙江、湖北、广西、青海、宁夏和新疆。22个省份在全部31个省份中的占比为70.97%，其平均得分为68.18分(见图5—2)，与上年68.38分的平均分基本相当。值得注意的是，与前些年相比，今年政府性基金透明度得分在60分以上的省份明显增加，越来越多省份的政府性基金透明度进入了较高的组别。

透明度得分在30～60分之间的省份只有3个，它们分别是北京、内蒙古和河南。与前几年相比，属于这一组别的省份大大减少。3个省份在全部31个省份中的占比为9.68%，其平均得分为33.33分(见图5—2)。非常巧合的是，该组别这3个省份的得分都为33.33分。

透明度得分在30分以下的省份仍然有6个，这一数目与2017年一样，它们分别是(按高分到低分排序)内蒙古、上海、江苏、贵州、云南和江西。6个省份在全部31个省份中的占比为19.35%，该组平均得分为27.31分，略高于2017年的24.07分(见图5—2)。这6个省份中，除江西省的得分为25分外，其余省份的得分都为27.78分。

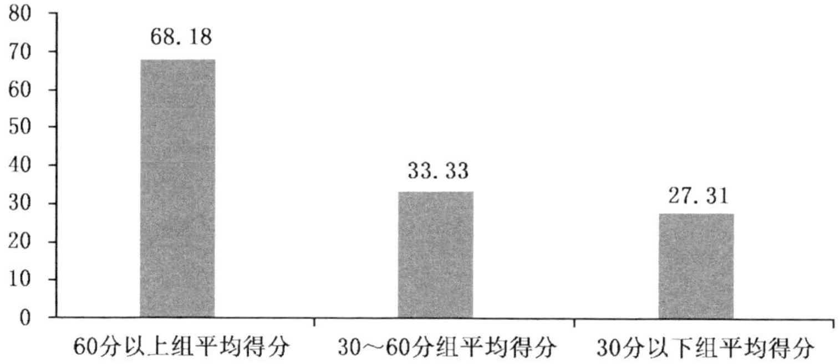

图5—2 各组政府性基金透明度平均得分(2018)

由分组情况可知，在2018年省级政府性基金透明度评估中，只有9个省份公开的信息不足调查项目的60%，其中，有6个省份公开的信息更是不足调查项目的30%。当然，值得肯定的是，有多达22个省份公开了政府性基金调查项目中60%以上的信息，其中，天津、山西、吉林、安徽、福建、湖南、广东、海南、重庆、四川、西藏、陕西和甘肃这13个省份的政府性基金透明度得分更是高达 72.2 分。由此可见,省际间在政府性基金调查项目上的信息公开差异主要是信息公开最好一组省份和其他组省份之间的差异:信息公开最好一组省份的平均得分是次好组省份的 2.05 倍,平均得分高出 34.85 分;是信息公开最差组省份的 2.50 倍,平均得分更是高出了 40.87 分。

此外,为反映出组内不同省份间的透明度差异,我们分别计算了组内各省份得分的标准差和变异系数。平均得分最高组、次高组与最低组的标准差分别为 5.20、0 与 1.13,变异系数分别为 7.20%、0%和 4.15%,从中可以看出,无论是哪个组,其得分的标准差和变异系数都远远小于 31 个省份的标准差 18.42 和变异系数 32.55%,这表明政府性基金透明度的省际差异主要是由组际之间的差异所引起的,组内之间的差异很小,特别是得分次高组,它们的得分都相同。

第二,各省份的年度排名有比较明显的波动,其中一些省份年度排名的波动幅度非常大。

从前几年各省份政府性基金透明度年度排名的情况来看(见表 5—2),变化较为明显。2018 年与 2017 年相比,31 个省份中,有福建、甘肃、山西、湖南、云南、四川和贵州 7 个省份的排名与 2017 年一致,其余 24 个省份的排名都发生了改变,变化率达到 77.42%。在年度排名发生变化的省份中,西藏、北京、海南、内蒙古、上海、天津、广东、江苏、宁夏、陕西、重庆、吉林、辽宁和湖北 14 个省份的排名变化超过了 10 位以上,其中,西藏、海南、天津、广东、陕西、重庆与吉林的排名上升了 10 位以上,它们在今年都上升至并列第一名,此外,湖北省的排名也上升了 14 位;与此相反,北京、内蒙古、上海、宁夏、江苏和辽宁的排名则下跌了 10 位以上。

对比 2017 年与 2016 年的排名也可以发现类似的情况,31 个省份中,福建、山西、湖南、天津、河北、广东、宁夏和河南 8 个省份的排名与 2016 年一致,其余 23 个省份的排名都发生了改变,变化率为 74.19%。在年度排名发生变化的省份中,甘肃、山东、江苏、四川和贵州 5 个省份的排名变化超过了 10 位以上,其中,甘肃、山东、江苏和四川的排名分别上升了 10 位以上,而贵州的排名则下降了 15 位。

2016 年与 2015 年相比,则仅有安徽、福建和山西省 3 个省份的排名与 2015 年保持一致,其余 28 个省份的排名都发生了改变,变化率高达 90.32%。在年度排名发生变化的省份中,甘肃、西藏、山东、湖南、宁夏、黑龙江、辽宁、河南和贵州 9 个省份的排名变化超过了 10 位以上。

由此可见,我国各省份政府性基金透明度的年度排名有比较明显的波动,其中一些省份年度排名的波动幅度非常大。那么,到底是何种原因导致了各省份政府性基金透明度年度排名的大幅波动呢？我们认为，其直接原因是各省份对信息公开申请的回复比较随意，从而导致在不同年份提供信息的数量不同。例如，陕西省在过去的几年中排名都在较靠后的位置，但在今年，它向项目组提供了较为完整的数据，从而使其排名从上年的第26名一跃成为今年的并列第1名。那么，究竟是什么深层次的原因使得各省份对财政信息公开申请的回复比较随意呢？我们认为，其主要原因仍然是缺乏法律、法规制度的保证，从而使行政部门和行政人员的自由裁量权过大、随意性大，进而导致省级财政透明度时好时坏。因此，要稳步提升财政透明度，必须加强相关法规制度建设，规范信息依申请公开，同时更需大力推进财政信息的主动公开。

表5—2　　31个省份政府性基金透明度年度排名情况

省份	2018年排名	2017年排名	2016年排名	2015年排名	排名变化		
					2018年比2017年	2017年比2016年	2016年比2015年
安徽	1	10	1	1	↑9	↓9	—
福建	1	1	1	1	—	—	—
甘肃	1	1	18	1	—	↑17	↓17
山西	1	1	1	1	—	—	—
西藏	1	16	11	1	↑15	↓5	↓10
北京	23	10	7	6	↓13	↓3	↓1
广西	16	10	7	6	↓6	↓3	↓1
新疆	16	10	1	8	↓6	↓9	↑7
海南	1	18	11	9	↑17	↓7	↓2
内蒙古	26	15	10	9	↓11	↓5	↓1
山东	14	9	24	9	↓5	↑15	↓15
浙江	16	18	11	9	↑2	↓7	↓2
湖南	1	1	1	13	—	—	↑11
上海	26	14	11	13	↓12	↓3	↑2
天津	1	17	17	15	↑16	—	↓2
河北	16	18	18	16	↑2	—	↓2
广东	1	18	18	17	↑17	—	↓1

续表

省份	2018年排名	2017年排名	2016年排名	2015年排名	排名变化		
					2018年比2017年	2017年比2016年	2016年比2015年
青海	16	18	24	17	↑2	↑6	↓7
云南	26	26	18	17	—	↓8	↓1
江苏	26	1	24	20	↓25	↑23	↓4
江西	31	30	29	20	↓1	↓1	↓9
宁夏	16	1	1	22	↓15	—	↑21
陕西	1	26	24	22	↑25	↓2	↓2
重庆	1	25	18	24	↑24	↓7	↑6
黑龙江	23	18	11	25	↓5	↓7	↑14
吉林	1	26	29	25	↑25	↑3	↓4
辽宁	14	1	7	25	↓13	↑6	↑18
四川	1	1	29	25	—	↑28	↓4
湖北	16	30	24	29	↑14	↓6	↑5
河南	23	18	18	30	↓5	—	↑12
贵州	26	26	11	31	—	↓15	↑20

注："↑"表示排名上升，"↓"表示排名下降，"—"表示排名不变。

5.4 政府性基金分项目透明度状况

我们不仅分省份考察了政府性基金透明度，同时还分具体项目考察了政府性基金透明度。通过对27个信息要素公开状况的考察，我们发现：

第一，收入类科目的透明度明显高于支出类科目，且支出按功能分类的透明度又明显高于按经济性质分类的透明度[①]，这一状况自开展透明度评估以来一直没有发生变化。

政府性基金预算按收支进行分类，可以分为政府性基金收入和政府性基金支出两大部分。在政府性基金预算总预算部分，政府性基金收入项目中包含了3个信息要素（见表5—3），分别为省总预算政府性基金预算收入款级科

① 此结论是基于对政府性基金总预算的分析。

目、省总预算政府性基金预算收入项级科目与省总预算政府性基金预算收入目级科目。综合3个信息要素得分情况可以看出,省级政府性基金预算收入调查项目的平均得分为90.32分(百分制得分,下同),这明显高于2017年的78.49分,同时也远远超过以前年度的得分。

表5—3　　政府性基金调查项目按收支科目分类的情况统计(2018)

<table>
<tr><th colspan="4" rowspan="2">信息要素</th><th colspan="4">各项目平均得分</th></tr>
<tr><th>实际得分</th><th>百分制得分</th><th>百分制得分</th><th>百分制得分</th></tr>
<tr><td colspan="4">省总预算政府性基金预算收支总额</td><td>2.00</td><td>100.00</td><td>100.00</td><td>100.00</td></tr>
<tr><td rowspan="3">收入调查项目</td><td rowspan="3"></td><td>款级科目</td><td>省总预算政府性基金预算收入款级科目</td><td>2.00</td><td>100.00</td><td rowspan="3">90.32</td><td rowspan="3">90.32</td></tr>
<tr><td>项级科目</td><td>省总预算政府性基金预算收入项级科目</td><td>2.00</td><td>100.00</td></tr>
<tr><td>目级科目</td><td>省总预算政府性基金预算收入目级科目</td><td>1.42</td><td>70.97</td></tr>
<tr><td rowspan="5">支出调查项目</td><td rowspan="3">功能类支出调查项目</td><td>类级科目</td><td>省总预算政府性基金预算支出功能分类类级科目</td><td>1.74</td><td>87.10</td><td rowspan="3">83.87</td><td rowspan="5">50.32</td></tr>
<tr><td>款级科目</td><td>省总预算政府性基金预算支出功能分类款级科目</td><td>1.87</td><td>93.55</td></tr>
<tr><td>项级科目</td><td>省总预算政府性基金预算支出功能分类项级科目</td><td>1.42</td><td>70.97</td></tr>
<tr><td rowspan="2">经济类支出调查项目</td><td>类级科目</td><td>省总预算政府性基金预算支出经济分类类级科目</td><td>0.00</td><td>0.00</td><td rowspan="2">0.00</td></tr>
<tr><td>款级科目</td><td>省总预算政府性基金预算支出经济分类款级科目</td><td>0.00</td><td>0.00</td></tr>
<tr><td colspan="4">本项目平均得分</td><td>0.69</td><td colspan="3">69.18</td></tr>
</table>

说明:该表省级政府性基金预算收支项目仅限于调查提纲的总预算部分。

政府性基金预算支出项目中包含了5个信息要素(见表5—3),分别是省总预算政府性基金预算支出功能分类类级科目、省总预算政府性基金预算支出功能分类款级科目、省总预算政府性基金预算支出功能分类项级科目、省总预算政府性基金预算支出经济分类类级科目与省总预算政府性基金预算支出经济分类款级科目。综合5个信息要素得分情况可以看出,省级政府性基金预算支出调查项目的平均得分为50.32分,明显高于上年的41.46分,同时也大大超过以前年度的得分。

对比政府性基金预算收入项目与支出项目的得分可以看出,我国政府性基金预算收入项目与支出项目的得分都在不断提高,特别是2018年的得分增加幅度更大,但总体上来说,省总预算政府性基金预算收入项目的透明度明显高于省总预算政府性基金预算支出项目的透明度。

省总预算政府性基金预算支出项目可进一步按功能分类和按经济性质分类。其中，功能分类支出项目中包含了 3 个信息要素(见表 5—3)。综合 3 个信息要素的得分情况，省级政府性基金预算功能类支出调查项目的平均得分为 83.87 分，明显高于 2017 年的 69.10 分，这也大大超过前几年该类项目的得分。

省总预算政府性基金预算经济分类支出项目中包含了两个信息要素(见表 5—3)。综合两个信息要素的得分情况，省级政府性基金预算经济类支出调查项目的平均得分仍然为零分，即省总预算政府性基金预算没有公开任何按经济性质分类支出项目的信息，这与过去四年相比没有任何改变。

对比省总预算政府性基金预算支出功能类项目与经济类项目可以看出，省级政府性基金预算功能类支出调查项目的透明度远超经济类支出调查项目的透明度。

第二，总体来说，预算科目分类越明细，其透明度状况基本递减，这一状况也基本没有改变；但 2018 年，有个别项级科目与款级科目的得分相同。

不同项目在信息公开状况上有差异，这种差异在政府性基金预算按科目分级的不同调查项目之间同样表现比较明显。按照我国现有政府收支分类，政府性基金预算收入科目分为款、项、目三级，政府性基金预算支出按功能分类分为类、款、项三级，按经济性质分类分为类、款两级。在省级政府性基金透明度评估中，预算科目的信息要素是按我国现有政府性基金预算的科目逐级设计的，各级科目的评估结果见表 5—3。

由表 5—3 可知，在政府性基金预算收入调查项目中，款级科目的实际得分为 2.00 分，百分制得分为 100.00 分；项级科目的实际得分也为 2.00 分，百分制得分为 100.00 分。项级科目和款级科目的得分相同，这在一定程度上说明各省份越来越重视细节信息的公开。目级科目的实际得分则下降为 1.42 分，百分数得分下降为 70.97 分，远远低于款级科目和项级科目的得分。从中可以看出，收入科目的透明度由款至目分类，基本呈现出降低的趋势，但今年较为特殊的是，收入科目的款级科目和项级科目的得分一样。

上述变化趋势在政府性基金支出功能类调查项目中也基本得到了体现。从表 5—3 中可以看出，政府性基金预算支出功能分类类级科目的实际得分为 1.74 分，百分制得分为 87.10 分；功能分类款级科目的实际得分反而有所小幅上升，为 1.87 分，百分制得分为 93.55 分，款级科目的得分略高于类级科目的得分，这一状况与上年一样[①]；而功能分类项级科目的实际得分则下降为1.42分，百分制得分仅为70.97分；类级和款级科目的透明度远远好于项级科目的透明度。

总体来说，政府性基金预算款级和项级科目的信息公开状况好于目级科目，即越是粗略的预算科目，其透明度越好；越是明细的预算科目，其透明度越差。

第三，政府性基金分级预算的透明度逐年提高，并且政府性基金预算本级汇总调查项目的透明度高于本级明细调查项目的透明度，在省、市、县、乡四级政府中，省本级调查项目的透明度最高。

不同项目之间在信息公开状况上是有差异的，这种差异还体现在政府性基金预算按政府分级的不同调查项目之间。

上述分析重点考察了政府性基金总预算的信息公开状况，政府性基金总预算既包含了省本级政府性基金预算信息，也包含了其下辖各级政府的政府性基金预算信息。为更好地反映各本级政府在政府性基金预算调查项目上的信息公开状况，项目组在政府性基金预算透明度调查提纲中专门设置了"分级预算"内容。政府性基金分级预算部分的百分制得分为44.62分，高于上年的35.48分，同时也远远超过前几年该项目的得分。

政府性基金分级预算内容包含了"本级分级汇总预算"和"本级分级明细预算"两部分。在"本级分级汇总预算"中，按照政府层级进行纵向分类，项目组考察了省本级、地市本级、区县本级以及乡镇级政府性基金预算收支分类科目，每级政府性基金预算收支分类科目具体包括3个信息要素，共计12个信息要素。

调查结果显示(见表5—4)，"本级分级汇总预算"部分的百分制平均得分为51.88分，高于2017年的44.09分，同时也远远高于以前年度的得分。在省、市、县、乡四级政府中，省本级政府性基金预算收支科目透明度的平均得分为65.59分，略低于2017年的66.67分，但略高于2016年的64.52分和2015年的62.37分，其中，省本级政府性基金预算收入科目的透明度得分为96.77分，略低于2017年的100分，与2016年、2015年的得分一样，这说明31个省份中除了1个省份之外，其余30个省份都公布了该项信息；省本级政府性基金预算支出科目透明度的平均得分为50分，与2017年的得分相同，略高于2016年的48.39分与2015年的45.16分，与前几年一样，省本级政府性基金

① 之所以会出现款级科目的得分略高于类级科目，是因为有个别省份政府性基金总预算支出按功能分类直接公开了款级科目的信息，而没有公开类级科目的信息。

预算支出中的经济分类支出科目的透明度得分仍然为零。2018年,汇总的地市本级、区县本级与乡级政府性基金预算收支科目的透明度平均得分都为47.31分,比前几年的得分都高;其中,汇总的地市本级、区县本级与乡级政府性基金预算收入科目的透明度得分都为70.97分,远远超过以往年度的得分;汇总的地市本级、区县本级与乡级政府性基金预算支出科目透明度的平均得分都是35.48分,也大大高于前几年度的得分;与前些年一样,汇总的地市本级、区县本级、乡级政府性基金预算支出中的经济分类支出科目的透明度均得零分。

表5—4　　　　政府性基金调查项目按政府级次统计的情况(2018)

<table>
<tr><th colspan="4" rowspan="2">信息要素</th><th colspan="5">各项目平均得分</th></tr>
<tr><th>实际得分</th><th>百分制得分</th><th>百分制得分</th><th>百分制得分</th><th>百分制得分</th></tr>
<tr><td rowspan="12">本级汇总调查项目</td><td rowspan="3">省本级调查项目</td><td>收入类</td><td>省本级政府性基金预算收入类级科目</td><td>0.97</td><td>96.77</td><td>96.77</td><td rowspan="3">65.59</td><td rowspan="12">51.88</td></tr>
<tr><td rowspan="2">支出类</td><td>省本级政府性基金预算支出功能分类类级科目</td><td>1.00</td><td>100.00</td><td rowspan="2">50.00</td></tr>
<tr><td>省本级政府性基金预算支出经济分类类级科目</td><td>0.00</td><td>0.00</td></tr>
<tr><td rowspan="3">市本级调查项目</td><td>收入类</td><td>地市本级政府性基金预算收入类级科目</td><td>0.71</td><td>70.97</td><td>70.97</td><td rowspan="3">47.31</td></tr>
<tr><td rowspan="2">支出类</td><td>地市本级政府性基金预算支出功能分类类级科目</td><td>0.71</td><td>70.97</td><td rowspan="2">35.48</td></tr>
<tr><td>地市本级政府性基金预算支出经济分类类级科目</td><td>0.00</td><td>0.00</td></tr>
<tr><td rowspan="3">县本级调查项目</td><td>收入类</td><td>县本级政府性基金预算收入类级科目</td><td>0.71</td><td>70.97</td><td>70.97</td><td rowspan="3">47.31</td></tr>
<tr><td rowspan="2">支出类</td><td>县本级政府性基金预算支出功能分类类级科目</td><td>0.71</td><td>70.97</td><td rowspan="2">35.48</td></tr>
<tr><td>县本级政府性基金预算支出经济分类类级科目</td><td>0.00</td><td>0.00</td></tr>
<tr><td rowspan="3">乡级调查项目</td><td>收入类</td><td>乡级政府性基金预算收入类级科目</td><td>0.71</td><td>70.97</td><td>70.97</td><td rowspan="3">47.31</td></tr>
<tr><td rowspan="2">支出类</td><td>乡级政府性基金预算支出功能分类类级科目</td><td>0.71</td><td>70.97</td><td rowspan="2">35.48</td></tr>
<tr><td>乡级政府性基金预算支出经济分类类级科目</td><td>0.00</td><td>0.00</td></tr>
</table>

续表

信息要素				各项目平均得分				
				实际得分	百分制得分	百分制得分	百分制得分	百分制得分
本级明细调查项目	各市本级调查项目	收入类	各地市本级政府性基金收入类级科目	0.48	48.39	48.39	32.26	30.11
		支出类	各地市本级政府性基金支出功能分类类级科目	0.48	48.39	24.19		
			各地市本级政府性基金支出经济分类类级科目	0.00	0.00			
	各县本级调查项目	收入类	各县本级政府性基金收入类级科目	0.42	41.94	41.84	27.96	
		支出类	各县本级政府性基金支出功能分类类级科目	0.42	41.94	20.97		
			各县本级政府性基金支出经济分类类级科目	0.00	0.00			
本项目平均得分				0.45	44.62			

显然，在政府性基金预算本级分级汇总预算中，省本级政府性基金预算调查项目的信息公开状况明显好于地市本级、区县本级及乡级，在2018年，地市本级、区县本级与乡级的透明度得分一样；此外，与政府性基金预算总预算一样，在政府性基金分级预算中，仍然是收入调查项目的信息公开状况好于支出调查项目，而在支出调查项目中，功能类支出调查项目的信息公开状况又明显好于经济分类支出调查项目。

“本级分级明细预算”部分包括两类信息要素，分别是各地市本级政府性基金预算收支类级科目与各区县本级政府性基金预算收支类级科目，每类信息要素中各包含3个调查项目，共计6个调查项目。

由调查结果可知(见表5—4)，“本级分级明细预算”部分的百分制平均得分为30.11分，高于2017年的18.28分，也大大超过2016年的16.13分和2015年的14.52分。各地市本级与各区县本级政府性基金预算收支科目透明度的百分制平均得分分别为32.26分和27.96分，分别高于2017年的19.35分和17.20分，同时也大大高于2016年的17.20分和15.05分；其中，各地市本级与各区县本级政府性基金预算收入科目的透明度得分分别为48.39分和41.94分，分别高于2017年的29.03分和25.81分，也远高于2016年的25.81分和22.58分；各地市本级与各区县本级政府性基金预算支出科目透明度的平均得分分别为24.19分和20.97分，分别高于2017年的14.52分和12.90分，也超过2016年的12.90分和11.29分；与“本级分级汇总预算”部分的情况一样，各地市本级与各区县本级政府性基金预算支出中的经济分类支出项目的透明度得分均为零分。

与上述分析一样，在“本级分级明细预算”调查项目中，各地市本级与各区县本级政府性基金预算收入调查项目信息公开状况仍然好于支出调查项目，而在支出调查项目中，功能类支出调查项目又明显好于经济分类支出调查项目。

综合上述“本级分级汇总预算”调查项目和“本级分级明细预算”调查项目可知，“本级分级汇总预算”调查项目的信息公开状况明显好于“本级分级明细预算”调查项目，前者的得分是后者的 1.72 倍。此外，在省、市、县、乡四级政府中，省本级政府性基金的透明度也明显高于其他三级政府。

6 省级财政专户管理资金透明度评估

财政专户管理规范性加强，但透明度并未改善。财政专户数量在各级财政部门展开清理活动后大幅精简。2015 年印发的《财政部关于加强和规范地方财政专户管理的指导意见》要求各地财政部门在 2016 年 4 月前撤销不符合《中华人民共和国预算法》和国务院有关文件规定的财政专户。2017 年印发的《财政部关于全面落实地方财政专户清理整顿工作有关事宜的通知》(财库〔2017〕175 号)规定地方存量财政专户允许保留 7 种常规类专户和 12 种专项支出类专户，此外凡是不符合规定范围和管理要求的[①]，均须在 2017 年 11 月底之前撤销。财政部统计数据显示，截至 2017 年底，地方财政专户清理整顿工作任务已基本完成，7 年累计撤销专户 11 万余个，撤户率达 75%。这意味着省级财政专户的管理更加规范化和信息化，也为财政专户资金透明度向更好的趋势发展提供了可能。

6.1 财政专户管理资金透明度评分标准说明

自 2015 年起，财政部不再统一要求地方政府在年度政府决算中编制财政

① 《财政部关于全面清理规范地方财政专户有关事宜的通知》(财库〔2017〕79 号)对各种财政专户的保留条件作了明确规定，并对可以保留的 7 种常规类专户和 12 种专项支出类专户作了详细说明。

专户管理资金的相关表格。为保证调查结果与2013—2017年度调查结果具有可比性,项目组参照往年决算表格样式设计了“财政专户管理资金收支总表”“财政专户管理资金收入明细表”“财政专户管理资金支出功能分类明细表”“财政专户管理资金收支分级表”“财政专户管理资金收支及平衡情况表”这5张决算表,并向各省级财政部门申请公开上述5张表格。财政专户管理资金透明度调查信息要素可分为两类。

表6—1　　财政专户管理资金透明度评分标准

序号	信息要素	权重	序号	信息要素	权重
1	省总预算财政专户收支总额	2	15	地市本级财政专户支出经济分类类级科目	1
2	省总预算财政专户收入款级科目	2	16	县本级财政专户收入款级科目	1
3	省总预算财政专户收入项级科目	2	17	县本级财政专户支出功能分类类级科目	1
4	省总预算财政专户收入目级科目	2	18	县本级财政专户支出经济分类类级科目	1
5	省总预算财政专户支出功能分类类级科目	2	19	乡级财政专户收入款级科目	1
6	省总预算财政专户支出功能分类款级科目	2	20	乡级财政专户支出功能分类类级科目	1
7	省总预算财政专户支出功能分类项级科目	2	21	乡级财政专户支出经济分类类级科目	1
8	省总预算财政专户支出经济分类类级科目	2	22	各地市本级财政专户收入款级科目	1
9	省总预算财政专户支出经济分类款级科目	2	23	各地市本级财政专户支出功能分类类级科目	1
10	省本级财政专户收入款级科目	1	24	各地市本级财政专户支出经济分类类级科目	1
11	省本级财政专户支出功能分类类级科目	1	25	各县本级财政专户收入款级科目	1
12	省本级财政专户支出经济分类类级科目	1	26	各县本级财政专户支出功能分类类级科目	1
13	地市本级财政专户收入款级科目	1	27	各县本级财政专户支出经济分类类级科目	1
14	地市本级财政专户支出功能分类类级科目	1		财政专户管理资金透明度得分小计	36

第一类为省总预算财政专户资金信息(9项):1项专户资金规模信息(省总预算财政专户收支总额),3项专户资金收入信息(省总预算财政专户收入款级科目、省总预算财政专户收入项级科目、省总预算财政专户收入目级科

目),5 项专户资金支出信息(省总预算财政专户支出功能分类类级科目、省总预算财政专户支出功能分类款级科目、省总预算财政专户支出功能分类项级科目、省总预算财政专户支出经济分类类级科目、省总预算财政专户支出经济分类款级科目),详见表 6—1。

第二类为分级预算财政专户资金信息(18 项):3 项省本级财政专户资金信息(省本级财政专户收入款级科目、省本级财政专户支出功能分类类级科目、省本级财政专户支出经济分类类级科目),3 项地市本级财政专户资金信息(地市本级财政专户收入款级科目、地市本级财政专户支出功能分类类级科目、地市本级财政专户支出经济分类类级科目),3 项县本级财政专户资金信息(县本级财政专户收入款级科目、县本级财政专户支出功能分类类级科目、县本级财政专户支出经济分类类级科目),3 项乡级财政专户资金信息(乡级财政专户收入款级科目、乡级财政专户支出功能分类类级科目、乡级财政专户支出经济分类类级科目),3 项分地区的地市本级财政专户资金信息(各地市本级财政专户收入款级科目、各地市本级财政专户支出功能分类类级科目、各地市本级财政专户支出经济分类类级科目),3 项分地区的县本级财政专户资金信息(各县本级财政专户收入款级科目、各县本级财政专户支出功能分类类级科目、各县本级财政专户支出经济分类类级科目),详见表 6—1。

6.2 财政专户管理资金透明度概况

31 个省份 2018 年财政专户管理资金透明度评估平均得分为 4.36 分,比 2017 年平均得分 4.68 分低 0.36 分,比 2016 年平均得分 12.54 分低 8.18 分。31 个省份 2018 年财政专户管理资金透明度评估最高分为 55.56 分,比 2017 年最高分 30.56 分高 25 分,比 2016 年最高分 52.78 分高 2.78 分,但仍低于 2014 年和 2015 年(如图 6—1 所示)。由此可见,财政专户管理资金透明度总体水平很低,并且呈现两极分化加剧的态势。

财政部对财政专户决算编制要求的变化继续影响了 2018 年度财政专户管理资金透明度。自 2014 年起,财政决算不再要求编制“财政专户管理资金收入明细表”“财政专户管理资金支出功能分类明细表”“财政专户管理资金收支分级表”“财政专户管理资金收支平衡表”,而上述各项信息要素应得分占财政专户透明度应得分的 55.56%;财政部 2015 年度政府决算编制要求则进一步取消了所有与财政专户管理资金相关的决算表格。受此影响,2018 年度财政专户管理资金透明度继续小幅下降。但是,按照新的《中华人民共和国预算法》的要求,“政府的全部收入和支出都应当纳入预算”。财政专户作为一种游

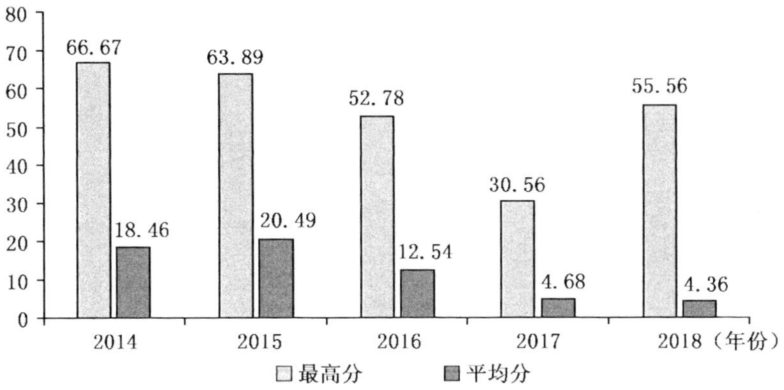

图 6—1　财政专户管理资金透明度得分变化情况(2014—2018)

离于全口径政府预算体系外的政府性收支行为，缺乏法律地位，在各级财政部门展开专项整治后，专户管理资金规模逐渐缩小，管理不断规范，其透明度或许会在将来有所提升。

已申请公开财政专户管理资金信息的省份数量呈持续下降趋势，2018 年度调查中只有 5 个省份公开了部分财政专户管理资金信息。从财政专户管理资金决算表格编制要求降低到取消相关决算表格编制，未公开任何财政专户管理资金信息的省份个数持续增加，从 2015 年度调查的 13 个增加到了 2018 年度调查的 26 个，在本年度调查中有 83.87%的省份未公开 2016 年度财政专户资金决算的任何信息(如图 6—2 所示)。一些省份的财政部门在 2018 年度财政透明度调查中对不公开专户资金信息进行了解释说明，如安徽省财政厅告知“按照财政部工作部署不属于 2016 年度正式财政决算编制内容，不是本机关记录、保存的现有信息”。

当然，2018 年度仍有 5 个省份的财政部门向本项目组依申请公开了财政专户管理资金的决算信息。山东省政府信息公开办公室和山东省财政厅告知：“财政专户管理资金分级表、财政专户管理资金及平衡情况表 2 项信息，自 2015 年度财政决算已经不再反映财政专户管理资金收支情况。”但山东省财政厅仍然依申请公开了“2016 年度山东省本级财政专户管理资金收入明细表”“2016 年度山东省本级财政专户管理资金支出功能分类明细表”“2016 年度山东省本级财政专户管理资金年终资产负债表”3 张决算表格。四川省财政厅回复：“财政部 2015 年起布置全国财政总决算中已取消财政专户管理资金的相关报表，上述 6 项报表不属于 2016 年度财政总决算报表内容，我省也未收集统计全省相关信息，因此相关数据信息不是我厅记录、保存的现有信

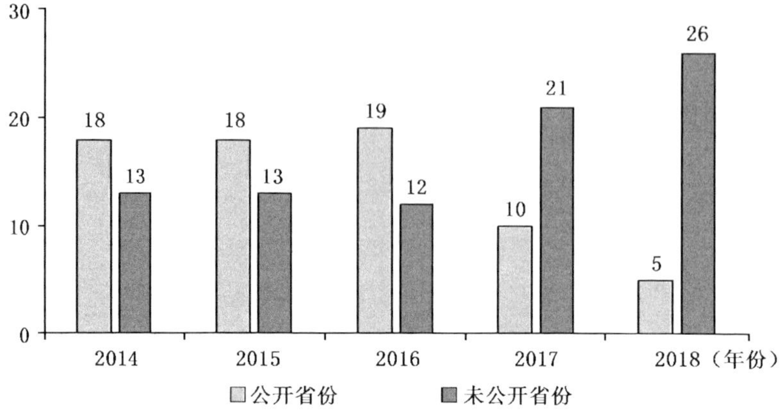

图 6—2　财政专户管理资金公开省份个数变化情况(2014—2018)

息。为便于你们进行科研，我们整理填报了2016年省本级的相关报表，现提供于后。”湖北省财政厅答复：“财政部对外公开的决算表样中没有此数据，我厅只能根据现有资料按表样提供全省（汇总）财政专户收支总数和分级表，请见我厅提供的附件。”

6.3　财政专户管理资金透明度的省际差异

表6—2是2018年31个省份财政专户管理资金透明度得分及排名表。在31个省份中，没有一个省份公布了全部财政专户管理资金信息，但存在大量未公布任何财政专户资金信息的省份，甘肃、四川等5个省份虽公布了部分财政专户资金信息，但无一省份的财政专户透明度达到及格分。根据各省份财政专户管理资金透明度得分的分布情况，大致可将31个省份分成两组。

表6—2　　31个省份财政专户管理资金透明度得分及排名(2018)

排名	省份	百分制得分	排名	省份	百分制得分
1	甘肃	55.56	7	吉林	0
2	四川	28.66	7	江苏	0
3	湖北	27.78	7	江西	0
3	山西	12.12	7	辽宁	0
3	山东	11.11	7	内蒙古	0

续表

排名	省份	百分制得分	排名	省份	百分制得分
6	安徽	0	7	宁夏	0
7	北京	0	7	青海	0
7	福建	0	7	陕西	0
7	广东	0	7	上海	0
7	广西	0	7	天津	0
7	贵州	0	7	西藏	0
7	海南	0	7	新疆	0
7	河北	0	7	云南	0
7	河南	0	7	浙江	0
7	黑龙江	0	7	重庆	0
7	湖南	0			
31 个省份平均得分:4.36					

第一组包括甘肃、四川、湖北、山西、山东 5 个省份。其中,甘肃、四川和山东三省在 2017 年度也向项目组提供了财政专户资金信息;湖北和山西两省为新增省份。甘肃省财政厅向项目组提供了 2016 年度的“财政专户管理资金收支总表”“财政专户管理资金收入明细表”“财政专户管理资金支出功能分类明细表”“财政专户管理资金收支分级表”“财政专户管理资金收支及平衡情况表”,并提供了部分数据;但“财政专户管理资金收支分级表”和“财政专户管理资金收支及平衡情况表”对于乡级财政专户资金仅有列示并无数据。四川省财政厅依申请公开了 2016 年度的“省本级财政专户管理资金收支总表”。湖北省财政厅依申请公开了 2016 年度的“财政专户管理资金收支总表”“财政专户管理资金收入明细表”“财政专户管理资金支出功能分类明细表”“财政专户管理资金收支分级表”“财政专户管理资金收支及平衡情况表”。山西省财政厅依申请公开了“2016 年山西省财政专户管理资金收支分级表”及“财政专户管理资金收支及平衡情况表”的部分数据。山东省财政厅依申请公开了“2016 年度山东省本级财政专户管理资金收入明细表”“2016 年度山东省本级财政专户管理资金支出功能分类明细表”和“2016 年度山东省本级财政专户管理资金年终资产负债表”。

第二组是未公开任何财政专户管理资金信息的省份。安徽、北京等 21 个省份未公布任何关于财政专户管理资金的信息，该项透明度得分为零。黑龙江、内蒙古、广西、河北、宁夏、新疆和天津等在2017年度调查中公开了部分财政专户管理资金信息的省份在2018年调查中也未继续公开相应信息。财政专户管理资金信息透明度为零的省份中既有北京、浙江、广东等经济发达省份，也有安徽、湖北等中部省份和陕西、青海等西部欠发达省份。

6.4 财政专户管理资金透明度的分项目比较

在调查的27项财政专户管理资金信息中，没有一项是所有省份都公开的，但有9项信息是没有任何一个省份是公开的，没有任何省份公开的信息项主要集中在财政专户管理资金支出经济分类科目（见表6—3）。下面就各项公开的财政专户管理资金信息作一个简单说明。

表6—3　　省级财政专户管理资金各调查项目透明度情况（2018）

编号	信息要素	权重	全部公开省份	部分公开省份	未公开省份	各省份平均得分
1	省总预算财政专户收支总额	2	4	0	27	0.26
2	省总预算财政专户收入款级科目	2	1	3	27	0.19
3	省总预算财政专户收入项级科目	2	3	0	28	0.19
4	省总预算财政专户收入目级科目	2	2	1	28	0.16
5	省总预算财政专户支出功能分类类级科目	2	2	2	28	0.10
6	省总预算财政专户支出功能分类款级科目	2	1	1	29	0.12
7	省总预算财政专户支出功能分类项级科目	2	0	0	31	0.00
8	省总预算财政专户支出经济分类类级科目	2	0	0	31	0.00
9	省总预算财政专户支出经济分类款级科目	2	0	0	31	0.00
10	省本级财政专户收入款级科目	1	2	2	27	0.10
11	省本级财政专户支出功能分类类级科目	1	2	2	27	0.08
12	省本级财政专户支出经济分类类级科目	1	0	0	31	0.00
13	地市本级财政专户收入款级科目	1	0	1	30	0.02
14	地市本级财政专户支出功能分类类级科目	1	1	0	30	0.03
15	地市本级财政专户支出经济分类类级科目	1	0	0	31	0.00
16	县本级财政专户收入款级科目	1	0	1	30	0.02
17	县本级财政专户支出功能分类类级科目	1	1	0	30	0.03

续表

编号	信息要素	权重	全部公开省份	部分公开省份	未公开省份	各省份平均得分
18	县本级财政专户支出经济分类类级科目	1	0	0	31	0.00
19	乡级财政专户收入款级科目	1	0	1	30	0.02
20	乡级财政专户支出功能分类类级科目	1	1	0	30	0.03
21	乡级财政专户支出经济分类类级科目	1	0	0	31	0.00
22	各地市本级财政专户收入款级科目	1	1	0	30	0.03
23	各地市本级财政专户支出功能分类类级科目	1	1	0	30	0.03
24	各地市本级财政专户支出经济分类类级科目	1	0	0	31	0.00
25	各县本级财政专户收入款级科目	1	1	0	30	0.03
26	各县本级财政专户支出功能分类类级科目	1	1	0	30	0.03
27	各县本级财政专户支出经济分类类级科目	1	0	0	31	0.00

第一,省总预算财政专户资金信息公开情况。在 2018 年财政透明度评估中,只有 4 个省份公开了省总预算财政专户管理资金收支总额的信息,其中,1 个省份公开了省总预算财政专户收入款级科目和财政专户支出功能分类类级科目,3 个省份公开了省总预算财政专户收入项级科目,2 个省份公开了省总预算财政专户收入目级科目和省总预算财政专户支出功能分类款级科目。没有一个省份公开财政专户收入目级科目以及财政专户支出功能分类项级科目和专户支出经济分类科目。

第二,分级预算财政专户资金信息公开情况。按照财政部统一要求,从 2015 年度开始,在财政总决算中不再编报“财政专户管理资金收支分级表”和“财政专户管理资金收支平衡表”,因而在 2018 年财政透明度评估中,只有甘肃、四川、湖北和山东 4 个省份依申请公开了“省本级财政专户管理资金收支决算总表”。对于省以下财政专户资金信息公开情况,只有甘肃省提供了地市本级、县本级和乡级的部分财政专户收入信息,没有任何省份公开地市本级、县本级和乡级的财政专户支出信息。

7 省级国有资本经营预算基金透明度评估

新的《中华人民共和国预算法》(以下简称《预算法》)自 2015 年 1 月 1 日起开始实施,重大变革之一为完善政府预算体系,并给予政府预算体系以法律地位。按照《预算法》的规定,我国预算体系由“四本预算”组成,所有预算收入和支出均要按照不同性质纳入不同预算之中。国有资本经营预算作为“四本预算”之一,与一般公共预算之间既相互独立,又有所衔接。

新《预算法》第十条规定,国有资本经营预算是对国有资本收益作出支出安排的收支预算。也就是说,国有资本经营预算是国家以所有者身份依法取得国有资本收益,并对其进行分配而发生的各项收支预算。

本部分关注的是省级政府国有资本经营预算信息的公开情况。2016 年 10 月财政部印发的《地方预决算公开操作规程》第十三条规定:“地方国有资本经营预算原则上至少公开 2 张报表,包括:①国有资本经营预算收入表。②国有资本经营预算支出表。对下安排转移支付的应当公开国有资本经营预算转移支付表。”这一规定对于地方政府国有资本经营预算公开作了明确。

7.1 国有资本经营预算基金透明度调查评估说明

我们通过向政府有关部门申请和在网络及政府公开出版物上搜索获得31个省级政府的国有资本经营预算信息，并对其进行统计评分。

7.1.1 评估对象和评估内容

评估对象包括省级总预算中的国有资本经营预算信息和省、市、县、乡四级政府本级预算中的国有资本经营预算信息。

评估内容包括国有资本经营预算收入和支出。调查项目可以分为四大类：国有资本经营预算收支总额、国有资本经营预算收支明细、国有资本经营预算分级信息和国有资本经营预算分级与平衡明细。不过，省级总预算评估的内容和各级政府本级预算评估内容的详细程度有所不同。对省级总预算而言，收入信息考察的内容包括类、款、项和目级信息。支出信息包括功能分类信息和经济分类信息。功能分类信息包括类、款、项级信息，经济信息包括类、款级信息。对各级政府本级预算而言，收支信息只考察到类级科目。

(1)国有资本经营预算收入内容

在《2018年政府收支分类科目》中，国有资本经营预算收入包括“非税收入”大类下06款“国有资本经营收入”以及“转移性收入”大类下05款“国有资本经营预算转移支付收入”内容。在“国有资本经营收入”款下，又包括以下5个项级科目：

01项　利润收入

02项　股利、股息收入

03项　产权转让收入

04项　清算收入

98项　其他国有资本经营预算收入

除了最后一项外，每一项下都有更详细的目级信息，详见表7—1。

(2)国有资本经营预算支出内容

根据《2018年政府收支分类科目》，国有资本经营预算支出的功能分类体现在三个大类下，分别为208类“社会保障和就业支出”、223类“国有资本经营预算支出”和230类“转移性支出”下，各类所包含的款级和项级科目可如表7—2所示。

表 7—1 国有资本经营预算收入项级科目及目级信息

项级科目	目级信息	数量
利润收入	烟草企业利润收入;石油石化企业利润收入;电力企业利润收入;电信企业利润收入;煤炭企业利润收入;有色冶金采掘企业利润收入;钢铁企业利润收入;化工企业利润收入;运输企业利润收入;电子企业利润收入;机械企业利润收入;投资服务企业利润收入;纺织轻工企业利润收入;贸易企业利润收入;建筑施工企业利润收入;房地产企业利润收入;建材企业利润收入;境外企业利润收入;对外合作企业利润收入;医药企业利润收入;农林牧渔企业利润收入;邮政企业利润收入;军工企业利润收入;转制科研院所利润收入;地质勘查企业利润收入;卫生体育福利企业利润收入;教育文化广播企业利润收入;科学研究企业利润收入;机关社团所属企业利润收入;金融企业利润收入(国资预算)、其他国有资本经营预算企业利润收入	31
股利、股息收入	国有控股公司股利、股息收入;国有参股公司股利、股息收入;金融企业股利、股息收入(国资预算);其他国有资本经营预算企业股利、股息收入	4
产权转让收入	其他国有股减持收入;国有股权、股份转让收入;国有独资企业产权转让收入;金融类企业国有股减持收入;其他国有资本经营预算企业产权转让收入	5
清算收入	国有股权、股份清算收入;国有独资企业清算收入;其他国有资本经营预算企业清算收入	3
其他国有资本经营预算收入		

表 7—2 国有资本经营预算支出功能分类科目信息

类级科目	款级科目	项级科目
208 社会保障和就业支出	04 补充全国社会保障基金	国有资本经营预算补充社会保障基金支出
223 国有资本经营预算支出	01 解决历史遗留问题及改革成本支出	厂办大集体改革支出;"三供一业"移交补助支出;国有企业办职教幼教补助支出;国有企业办公共服务机构移交补助支出;国有企业退休人员社会化管理补助支出;国有企业棚户区改造支出、国有企业改革成本支出;离休干部医药费补助支出;其他解决历史遗留问题及改革成本支出
	02 国有企业资本金注入	国有经济结构调整支出;公益性设施投资支出;前瞻性战略性产业发展支出;生态环境保护支出;支持科技进步之处;保障国家经济安全支出;对外投资合作支出;其他国有企业资本金注入
	03 国有企业政策性补贴	国有企业政策性补贴
	04 金融国有资本经营预算支出	资本性支出;改革性支出;其他金融国有资本经营预算支出

续表

类级科目	款级科目	项级科目
	99 其他国有资本经营预算支出	
230 转移性支出	05 国有资本经营预算转移支付	国有资本经营预算转移支付支出
	08 调出资金	国有资本经营预算调出资金

上述收入与支出项目是一般性的规定，在实践过程中，各地的收支并不完全按照上述内容进行，而是根据本地的实际情况确定。因此，有些省份只有某些项目，而没有另外一些项目。各省份只要公布了自己所有的项目信息，就可以获得满分。

除功能分类外，国有资本经营预算支出内容还可以按照资金使用性质进行分类（经济分类）。根据《国务院关于试行国有资本经营预算的意见》（国发〔2007〕26 号）和《中央国有资本经营预算编报试行办法》（财企〔2007〕304 号）的规定，国有资本经营预算支出的经济分类包括：①资本性支出，主要是根据国家产业发展规划、国有经济布局和结构调整规划，用于支持国有企业改制、重组，自主创新，提高企业核心竞争力；②费用性支出，主要用于弥补国有企业改革成本，解决历史遗留问题，当前，要重点解决困难企业职工养老保险、离退休职工医疗保险、特困企业职工生活补助，分离企业办社会职能、企业后勤服务社会化等涉及职工切身利益的问题，以及支持重点行业企业的节能减排；③其他支出，即用于社会保障等方面的支出。

7.1.2 评分标准

我们使用与往年同样的评分标准（见表 7—3）对省级政府国有资本经营预算透明度进行评估。

表 7—3　　国有资本经营预算基金透明度评分标准

序号	信息要素	权重	序号	信息要素	权重
1	国有资本经营预算收支总额	2	15	地市本级国有资产经营预算支出经济类级科目	1
2	国有资本经营预算收入款级科目	2	16	县本级国有资本经营预算收入类级科目	1

续表

序号	信息要素	权重	序号	信息要素	权重
3	国有资本经营预算收入项级科目	2	17	县本级国有资本经营预算支出功能分类类级科目	1
4	国有资本经营预算收入目级科目	2	18	县本级国有资本经营预算支出经济分类类级科目	1
5	国有资本经营预算支出功能分类类级科目	2	19	乡级国有资本经营预算收入类级科目	1
6	国有资本经营预算支出功能分类款级科目	2	20	乡级国有资本经营预算支出功能分类类级科目	1
7	国有资本经营预算支出功能分类项级科目	2	21	乡级国有资本经营预算支出经济分类类级科目	1
8	国有资本经营预算支出经济分类类级科目	2	22	各地市本级国有资本经营预算收入类级科目	1
9	国有资本经营预算支出经济分类款级科目	2	23	各地市本级国有资本经营预算支出功能分类类级科目	1
10	省本级国有资本经营预算收入类级科目	1	24	各地市本级国有资本经营预算支出经济分类类级科目	1
11	省本级国有资本经营预算支出功能分类类级科目	1	25	各县本级国有资产经营预算收入类级科目	1
12	省本级国有资本经营预算支出经济分类类级科目	1	26	各县本级国有资产经营预算支出功能分类类级科目	1
13	地市本级国有资产经营预算收入类级科目	1	27	各县本级国有资产经营预算支出经济分类类级科目	1
14	地市本级国有资产经营预算支出功能分类类级科目	1		国有资本经营预算基金透明度得分小计	36

7.1.3 评估方法

根据评分规则，我们向31个省份的政府信息公开办公室、财政厅(局)、国有资产监督管理委员会寄送了信息公开的申请函，并根据反馈情况、项目组自行搜集的网站公开资料、年鉴等信息，对各省份国有资本经营预算基金透明度进行统计和评估。

7.2 国有资本经营预算基金透明度评估结果分析

7.2.1 省级国有资本经营预算基金透明度调查的回复情况

根据提纲,项目组分别对31个省份的国有资本经营预算基金透明度进行了调查。从回复的情况看,省际之间存在差异。根据回复信息的情况,我们将提供回复的省份分成三类,见表7—4。第一类是直接提供了部分调查信息的省份,包括甘肃、湖南等22个省份。第二类是没有直接提供信息,但告知了获取国有资本经营预算相关信息的网站的省份,包括内蒙古、黑龙江等4个省份。第三类是没有就国有资本经营预算相关信息直接给予回复的省份,包括贵州、江苏等5个省份。

表7—4　　　　国有资本经营预算基金透明度调查回复情况

是否回复	省份
直接给出部分调查信息(22省)	甘肃、湖南、天津、重庆、辽宁、福建、广东、河北、四川、陕西、青海、吉林、云南、湖北、浙江、宁夏、海南、山东、安徽、山西、河南、广西
提供网站查询(4省)	内蒙古、黑龙江、新疆、西藏
未就该部分信息回复(5省)	贵州、江苏、北京、上海、江西

从各省份的回复情况可以看出,我国省级政府对国有资本经营预算基金信息公开的重视程度较往年有了明显提升,所有省份都编制了国有资本经营预算,且直接给出部分调查信息的省份数量达到了总数的2/3。但与此同时,在对信息有直接回复的省份中,提供信息的程度也有所不同:有些省份提供了详细的信息,并按照调查提纲的顺序对表格进行了排序;而有些省份给出的信息较少,与本项目组的调查提纲有着较大的出入。

7.2.2 省级国有资本经营预算基金透明度评估总体情况

图7—1展示了2014年以来国有资本经营预算基金透明度得分的最高分、最低分和平均分情况(2014年项目组调整了调查提纲)。从中可以看出,五年间国有资本经营预算基金透明度平均分呈现明显的上升趋势,2018年31个省份百分制平均得分为56.22分,说明公开信息占全部调查信息的比重首次超过了50%,这一得分比2017年的43.64分高12.58分。最高分与最低分则相对稳定,除2016年甘肃省得分83.33分之外,其他年份最高分均为

72.22分；至2017年最低分不再为零，即所有省份均公开了部分国有资本经营预算的信息，但5.56分的最低得分依然较低，省际国有资本经营预算信息公开情况差异较大。

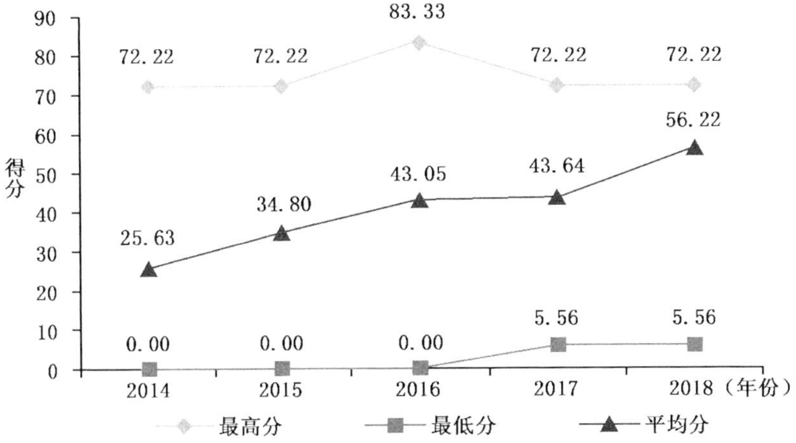

图7—1　省级国有资本经营预算基金透明度得分情况(2014—2018)

7.2.3　省级国有资本经营预算基金透明度得分及排名

根据前文的评分标准，项目组对31个省份的国有资本经营预算基金信息公开情况进行了评分，并由高到低排序(见表7—5)。从中可以看出，2018年所有省份均公开了部分国有资本经营预算信息，但公开情况差异较大。其中，有13个省份排名并列第一，得分为72.22分，仅有部分预算支出的经济分类信息未提供。但与此同时，贵州、江西两个省份仅公开了少许的信息，得分分别为5.56分和11.11分。

表7—5　　31个省份国有资本经营预算基金透明度得分及排名(2018)

排名	省份	百分制得分	排名	省份	百分制得分
1	安徽	72.22	16	青海	61.11
1	福建	72.22	16	浙江	61.11
1	甘肃	72.22	16	宁夏	61.11
1	广东	72.22	20	河北	50.00
1	海南	72.22	21	广西	44.44
1	湖南	72.22	21	黑龙江	44.44

续表

排名	省份	百分制得分	排名	省份	百分制得分
1	吉林	72.22	21	上海	44.44
1	山东	72.22	21	四川	44.44
1	山西	72.22	21	云南	44.44
1	陕西	72.22	26	内蒙古	38.89
1	天津	72.22	27	江苏	34.44
1	西藏	72.22	28	北京	33.33
1	重庆	72.22	28	河南	33.33
14	辽宁	66.67	30	江西	11.11
15	新疆	63.89	31	贵州	5.56
16	湖北	61.11			
31个省份平均得分:56.22					

为了更好地对省际差异进行分析,我们从分组情况以及得分与排名的变动情况两方面进行了考察。

第一,依据各省级政府国有资本经营预算基金透明度得分情况,我们将31个省份进行了分组,具体分为30分以下组、30~60分组和60分以上三组(见图7—2)。分组结果显示,2018年,国有资本经营预算基金透明度得分在60分以上的省份有19个,占比61.29%,该组百分制平均得分为69.15分;得分在30~60分的省份有10个,占比32.26%,该组百分制平均得分为41.22分;得分在30分以下的省份有2个,占比6.45%,该组百分制平均得分为8.33分。

由此可见,2018年省级政府国有资本经营预算基金信息公开总体情况有了较大的提升,得分在60分以上的省份数量较2017年的12个有了大幅增加,得分在30分以下的省份数量也由2017年的11个减少为2个。

尽管如此,省际间在国有资本经营预算基金调查项目上的信息公开差异还是非常大的:信息公开最好一组省份的平均得分是次好一组省份的1.68倍,平均得分高出27.93分;是信息公开最差组省份的8.33倍,平均得分高出60.82分。

第二,各省份的年度得分与排名有比较明显的波动,其中有些省份的波动幅度非常大。我们将各省份2018年和2017年两年国有资本经营预算基金透

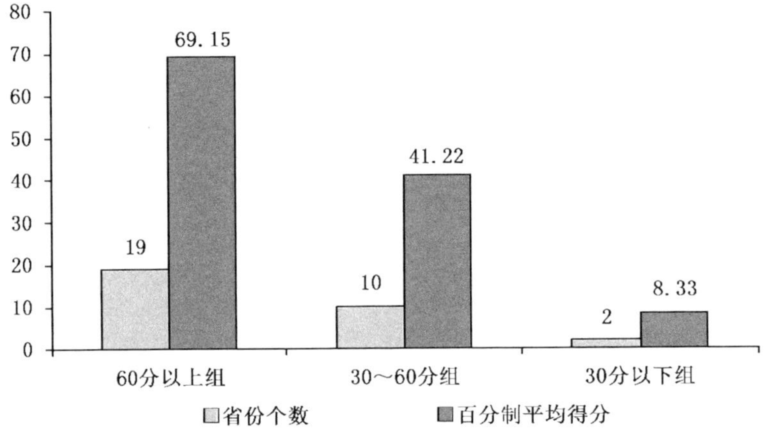

图 7—2　国有资本经营预算基金透明度的组间差异

明度的得分和排名情况进行比较，绘制成图 7—3 和图 7—4。图中，阴影部分位于横轴上方说明该省份在 2018 年得分高于 2017 年或排名有所提升，位于横轴下方说明该省份 2018 年得分低于 2017 年或排名有所后退，没有阴影则说明该省份 2018 年得分或排名相对 2017 年未发生变化。

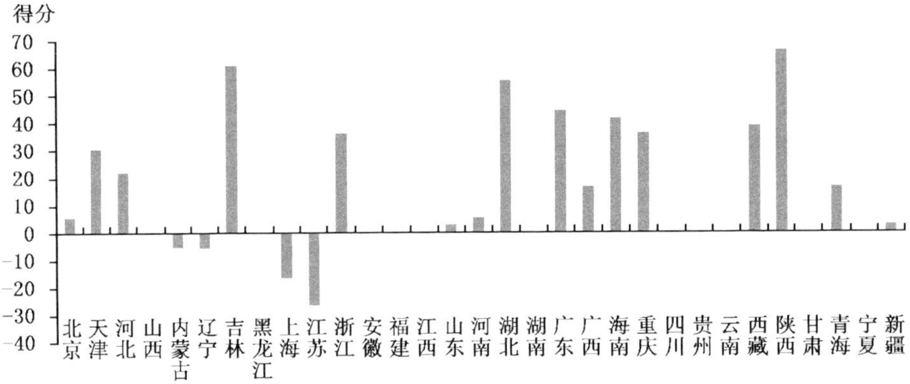

图 7—3　31 个省份国有资本经营预算基金透明度得分情况变化(2017—2018)

从图 7—3 中看出，有 16 个省份 2018 年得分相对于 2017 年有所提高，9 个省份得分不变，6 个省份得分有所下降。得分增加幅度最大的是陕西省，该省份在 2018 年提供了除支出的经济分类外的全部信息，得分较 2017 年提升了 66.67 分。此外，2018 年得分提升幅度超过 40 分的还有吉林、湖北、广东和海南 4 个省份。这说明相较于 2017 年，大多数省份公开了更多的国资信

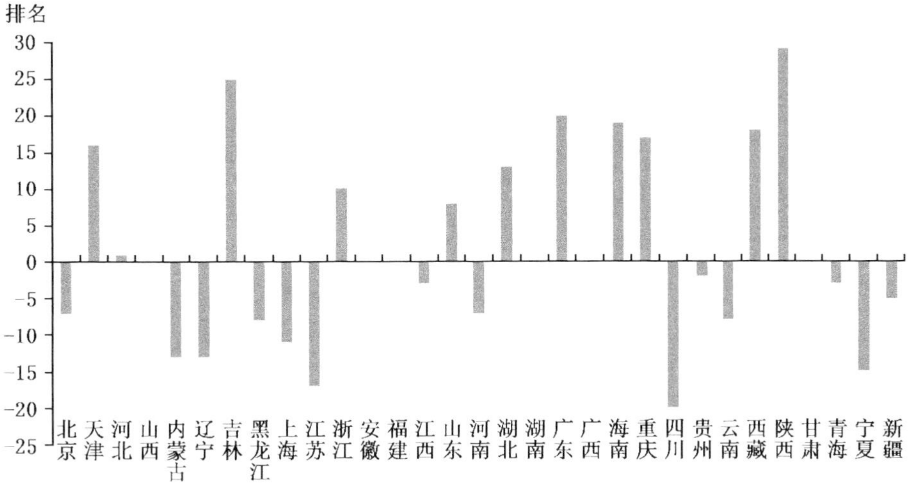

图 7—4　31 个省份国有资本经营预算基金透明度排名情况变化(2017—2018)

息。但与此同时,四川省和江苏省得分下降幅度比较大,2018 年得分比 2017 年分别降低 27.78 分和 26.67 分,河南和贵州两个省份的得分下降幅度也超过了 30 分。

尽管公开的信息数量增多,但由于各省份增幅大小不一,2018 年多数省份的国有资本经营预算基金透明度排名情况变动幅度较大(见图 7—4)。排名提升幅度最大的依然是陕西省,由 2017 年的第 29 名提升至 2018 年的并列第 1 名,吉林与广东两个省份的排名情况也有大幅提升,分别由 2017 年的第 27 名和第 21 名提升至 2018 年的并列第 1 名。而四川、江苏与宁夏 3 个省份的排名却有较大幅度的下降,分别退后了 20 名、17 名与 15 名。

省级政府国有资本经营预算基金透明度的得分和排名的变动情况,一方面反映了 2018 年省级政府在提升财政透明度上做出了较大的努力,多数省份得分相较于上年有所增加;另一方面也反映出省级政府在提供预算信息上的随意性,说明国有资本经营预算信息的公开在技术上基本没有障碍,透明度的提升与否取决于政府的意愿。

7.2.4　省级国有资本经营预算基金透明度各项信息公开情况

根据调查提纲,对国有资本经营预算信息的调查项目可以分为四大类:预算收支总额、预算收支明细、预算分级信息、预算分级及平衡明细。2018 年国有资本经营预算中各信息项的公开及与 2017 年的对比情况见表 7—6。

表 7—6　　省级国有资本经营预算基金各调查项目透明度情况

调查项目		完全公开信息的省份数		部分公开信息的省份数		没有公开信息的省份数		百分制平均得分	
		2018 年	2017 年	2018 年	2017 年	2018 年	2017 年	2018 年	2017 年
国有资本经营预算收支总额		30	28	0	0	1	3	97	90
国有资本经营预算收支明细	收入款级科目	29	26	0	0	2	5	94	84
	收入项级科目	29	26	0	0	2	5	94	84
	收入目级科目	24	15	1	1	6	15	78	50
	支出功能分类类级科目	29	26	0	0	2	5	94	84
	支出功能分类款级科目	29	17	0	0	2	14	94	55
	支出功能分类项级科目	25	16	2	0	4	15	81	52
	支出经济分类类级科目	0	0	0	0	31	31	0	0
	支出经济分类款级科目	0	0	0	0	31	31	0	0
国有资本经营预算分级信息	省本级收入类级科目	31	31	0	0	0	0	100	100
	省本级支出功能分类类级科目	31	30	0	0	0	1	100	97
	省本级支出经济分类类级科目	1	3	0	0	30	28	3	10
	地市本级收入类级科目	20	14	0	0	11	17	65	45
	地市本级支出功能分类类级科目	20	14	0	0	11	17	65	45
	地市本级支出经济分类类级科目	0	0	0	0	31	31	0	0
	县本级收入类级科目	20	13	0	0	11	18	65	42
	县本级支出功能分类类级科目	20	13	0	0	11	18	65	42
	县本级支出经济分类类级科目	0	0	0	0	31	31	0	0
	乡级收入类级科目	20	13	0	0	11	18	65	42
	乡级支出功能分类类级科目	20	13	0	0	11	18	65	42
	乡级支出经济分类类级科目	0	0	0	0	31	31	0	0
国有资本经营预算分级及平衡明细	各地市本级收入类级科目	14	9	0	0	17	22	45	29
	各地市本级支出功能分类类级科目	14	9	0	0	17	22	45	29
	各地市本级支出经济分类类级科目	0	0	0	0	31	31	0	0
	各县本级收入类级科目	13	8	0	0	18	23	42	26
	各县本级支出功能分类类级科目	13	8	0	0	18	23	42	26
	各县本级支出经济分类类级科目	0	0	0	0	31	31	0	0

从表 7—6 中可以看出，各类信息的公开程度不同。

一是国有资本经营预算收支总额信息。这类信息包括预算收入总额和支出总额两项。2018 年，31 个省份中，有 30 个省份公开了该类信息，仅有贵州 1 个省份没有公开此类信息。这与 2017 年有 3 个省份未公开该类信息的情况相比有所改善。在公开信息的省份中，江西省并未依调查提纲的要求提供国有资本经营预算收支的专项表格，相关信息为项目组通过查找其预算执行报告获得的。

二是国有资本经营预算收支明细信息。这类信息包括三部分内容：收入的明细信息、支出按功能分类的明细信息和支出按经济分类的明细信息。从调查评估的情况看，2018 年收入的明细信息和支出按功能分类的明细信息公开程度相对较好，与 2017 年相比各项百分制得分都有了显著的提升，表明国有资本经营预算管理在进一步改善。2018 年，有 29 个省份完全公布了收入的款级、项级信息和支出按功能分类的类级、款级信息，24 个省份完全公布了收入的目级信息，25 个省份完全公布了支出按功能分类的项级信息。支出按经济分类的明细信息公开情况依旧不乐观，2018 年提供经济分类明细信息的省份数量为零，与 2017 年持平。

三是国有资本经营预算分级信息。这类信息主要揭示国有资本经营预算在省、地、县、乡四级政府的分布情况。从调查情况看，2018 年，31 个省份全部公开了省本级收入类级信息和支出功能类级信息，公开程度较好。该部分其他非经济分类信息的得分较 2017 年也有了显著的提升。同时，我们也注意到，2018 年仅有新疆 1 个省份公开了省本级国有资本经营预算按经济分类的支出信息，相较于 2017 年 3 个省份公开该项信息有所退步。县、乡两级国有资本经营预算支出经济类级信息仍然没有任何省份公开。

四是国有资本经营预算分级及平衡明细信息。这类信息调查的是各地、县两级政府的国有资本经营预算分级及平衡明细信息，要求的信息量较大。从调查的情况看，该类信息得分虽依然为最低，但 2018 年的信息公开情况也有了明显的提升。有 14 个省份公开了各地市本级收入和支出功能分类类级科目，13 个省份公开了各县本级收入和支出功能分类类级科目较为完整的信息。同样，在该类信息中，有关各地、县两级政府国有资本经营预算支出的经济分类信息，得分依然为零，所有省份均未公开。

7.3 基本结论

从对省级政府国有资本经营预算基金信息的调查评估中，可以得出以下结论：

第一，本年度国有资本经营预算基金透明度水平较 2017 年有了明显的提升。2018 年，国有资本经营预算基金透明度的百分制平均得分为 56.22 分，信息公开度首次超过 50%，尽管仍未达到及格水平，但相比于 2017 年的

43.64分，提升幅度较大。本年度有16个省份加大了国有资本经营预算信息的公开力度，得分有所增长，表明国有资本经营预算管理得到了进一步改善。

第二，省级政府之间信息公开存在较大的差异。2018年排名并列第1名的13个省份，得分为72.22分，但与此同时，江西和贵州两个省份公开信息比例未超过20%(得分小于20分)。部分省份得分与排名波动幅度比较大，说明国有资本经营预算信息公开在技术上没有障碍，政府在信息公开方面有着随意性。

第三，国有资本经营预算支出经济分类透明度有待提升。2018年，仅有新疆1个省份公开了省本级国有资本经营预算支出经济分类的相关信息，而其他省份均未公开任何国有资本经营预算支出经济分类信息，这也造成了本部分最高得分停滞不前的局面。究其原因，可能与我国经济收支分类科目的局限性以及制度要求有关。2017年8月9日，财政部发布了关于印发《支出经济分类改革方案》的通知，正式确定于2018年1月1日起实施，改革内容包括:根据政府和部门预算管理的不同特点和管理需要，完善现有支出经济分类科目，同时新增政府预算支出经济分类科目，两套科目之间保持相互对应关系。因本年度透明度评估依据的是2016年财政决算信息，故此项改革成效尚不能完全得以体现，但我们也期待改革后经济分类收支信息的公开情况能有大幅提升与改善。

8 省级政府资产负债透明度评估

8.1 政府资产负债透明度评估标准与评估方法

2018 年对省级政府资产负债的评估标准与之前年份的评估标准保持了一致，要调查的一级科目为资产、负债和净资产三个科目，三个科目又有各自的二级科目、三级科目，如表 8—1 所示。

表 8—1　　政府部门资产负债科目定义表

1 资产	1 负债
2 金融资产	2 短期负债
3 存款	3 暂存款
3 有价证券	3 应付款
3 在途款	3 短期借款
3 暂付款	2 长期负债
2 固定资产	3 1～3 年
3 地产	3 3～5 年
3 房产建筑	3 5 年以上
3 设备	

续表

	1 净资产 　2 金融净资产 　　3 预算结余 　　3 基金预算结余 　　3 国有资本经营预算结余 　　3 专用基金结余 　　3 财政专户管理资金结余 　　3 预算稳定调节基金 　　3 预算周转金 　2 非金融净资产

注:表中 1 级科目代表类级科目,2 级科目代表款级科目,3 级科目代表项级科目。

根据调查的信息对省级政府资产负债透明度进行评分,评分标准见表 8—2。

表 8—2　　政府资产负债透明度评分表

序号	信息要素	分值
1	政府资产负债总额	1
2	政府资产一级分类信息	1
3	政府资产二级分类信息	1
4	政府负债一级分类信息	1
5	政府负债二级分类信息	1
6	政府净资产一级分类信息	1
7	政府净资产二级分类信息	1

在确定了评估标准和评估赋值的内容后,我们开始通过网络搜索、年鉴查询和向有关部门提出信息公开申请等方式获得信息,之后对获得的信息进行统计评估,并对评估结果进行分析。

8.2　政府资产负债透明度评估结果分析

8.2.1　省级政府对资产负债透明度调查的回复情况

根据拟定好的调查提纲,我们对 31 个省份的资产负债情况进行了调查。

根据回复情况，我们将 31 个省份分成提供信息的省份和未提供信息的省份两类，具体如下：

第一类是直接提供了部分调查信息的省份，该类省份有 13 个，分别是甘肃、湖南、天津、福建、广东、陕西、湖北、浙江、海南、山东、安徽、山西、河南。与 2017 年相比，今年提供信息的省份增加了 2 个。

第二类是未提供信息的省份，总共有 18 个，具体还可以细分成如下四种情况：

一是虽然直接提供了信息，但提供的是一般债务和专项债务的信息，并非我们申请的数据。这样的省份有 13 个，分别是黑龙江、新疆、西藏、北京、上海、江西、江苏、内蒙、宁夏、贵州、青海、重庆、河北。

二是回复称该项信息不属于公开范围，所以不予公开。这样回复的省份有 2 个，分别是吉林和云南。

三是回复称地方政府债务信息属于国家机密，因而无法提供。该类省份只有辽宁 1 个。

四是没有提供信息的省份，包括四川、广西 2 个省份。

为了清晰地描述各省份对项目组调查提纲的回复情况，我们制作了表 8—3。

表 8—3　　各省份回复情况统计

	回复情况	省　份
提供信息	直接提供部分调查信息（13 个省份）	甘肃、湖南、天津、重庆、福建、广东、河北、陕西、青海、贵州、湖北、浙江、海南、山东、安徽、山西、河南
未提供信息	提供信息但并非调查所需信息（13 个省份）	黑龙江、新疆、西藏、北京、上海、江西、江苏、内蒙古、宁夏、贵州、青海、重庆、河北
	回复称该项信息不属于公开范围（2 个省份）	吉林、云南
	回复称该信息属于国家机密，因而不能公开（1 个省份）	辽宁
	未提供信息（2 个省份）	四川、广西

通过总结 2018 年地方政府针对项目组申请的省级政府资产负债信息的回复情况，并与过去三年（2015 年、2016 年和 2017 年）的地方政府回复情况作

比较，我们总结出如下三点：

第一，提供信息的省份数量在增加，提供信息的省份数从2015年的7个、2016年的8个、2017年的11个省份，增加到2018年的13个。虽然增长的速度比较慢，但从趋势来看，公布信息的省份数量一直在增加。

第二，公布信息的省份比较少。虽然提供信息的省份数量一直在增加，但2018年也只有13个省份提供了信息，只占我们提交申请信息省份数的2/5左右。这说明我国地方政府关于资产负债信息的完全透明尚有较长的路要走。

第三，针对同一信息的申请，地方政府的回复情况显示出差异化的态势。从回复情况可以看出：31个地方政府针对同一申请的处置方式是完全不同的，并没有统一的规定，由此也反映出我国的地方政府并不是铁板一块，而是呈现出“碎裂化”的特征。比如针对我们申请公开的资产负债表信息，有些省份就直接提供了相关信息的表格，而未提供信息的省份给出的理由也是千差万别：有些省份回复说该类信息属于国家机密，不能公开；有些省份则称该类信息不属于政府信息公开范围，所以不公开；有些省份直接给出了一些不太相关的信息，如给出的债务数据是一般债务和专项债务，并非我们提交申请所需的信息，对此我们尚不清楚是地方政府理解有偏误还是其他原因。

8.2.2 省级政府资产负债透明度得分及排名

根据各省份的回复以及我们通过出版物、网络搜索获取的信息，按照上述评估标准对各省级政府的资产负债透明度进行评估，得分及排序情况见表8—4。

表8—4　　31个省份政府资产负债透明度得分及排名(2018)

排　名	省　份	百分制得分
1	河南	51.02
1	山西	51.02
1	安徽	51.02
1	山东	51.02
1	海南	51.02
1	浙江	51.02

续表

排　名	省　份	百分制得分
1	湖北	51.02
1	陕西	51.02
1	甘肃	51.02
1	湖南	51.02
1	天津	51.02
1	福建	51.02
1	广东	51.02
14	其他省份	0.00
31 个省份平均得分:21.40		

从表 8—4 中可以看出,2018 年省级政府资产负债透明度呈现以下特点:

第一,没有任何省份完全提供了我们申请所需要的信息,地方政府提供的资产负债信息都只是部分信息,基本上是提供了一半的信息。

第二,公开部分信息的 13 个省级政府中,都是通过“预算资金年终资产负债表”提供了本项调查的部分信息。提供信息的这 13 个省份得分(具体见表 8—4)都是一样的,均为 51.02 分,并列第 1 名。

第三,省级政府资产负债信息平均得分为 21.4 分。由于只有 13 个省份提供了资产负债信息,并且也只是公开了部分信息,因此,从省级政府总体水平看,百分制平均得分仅为 21.4 分,这表明我国省级政府资产负债信息极不透明。从平均水平看,尚有将近 80%的信息没有公开。而即使是公开信息的省份,也有将近 50%的信息没有公开。

8.2.3　省级政府资产负债各项目透明度评估

我们根据设定的评分标准,对 31 个省级政府资产负债的各调查项目透明度进行了评分,得分结果如表 8—5 所示,随后我们在表 8—6 给出了以甘肃为代表的公布了资产负债信息的“预算资金年终资产负债表”。从调查结果中可以看出,政府资产负债各项目透明度呈现以下特点:

第一,资产负债各项目透明度得分都比较低。政府资产负债各信息项目的平均得分从零分到 0.50 分不等(满分 1 分),其中政府净资产二级分类信息得分最高，为 0.42 分，资产负债总额信息得分最低，为 0 分，其他五项得分都在 0.2 左右。资产负债各项目 2018 年得分与上年相比均有所增加。

第二，31 个省份都未公开政府资产负债总额信息。就目前已公开的政府资产负债信息来看(以甘肃为例，其他省份公开的信息与甘肃相同)，都只是公开了金融性资产负债信息，而未公开非金融性资产负债信息。据此，我们判定目前省级政府公开的政府资产负债只是所调查的政府资产负债信息的一部分，而非全部，因此，在这一项目上，没有一个省级政府获得满分。

第三，缺失地方政府的固定资产信息。从甘肃提供的表格上看，政府资产项目只公布了"金融资产"及其下属各科目，并未公布"固定资产"项目信息；政府负债项目只公布了"短期负债"及下属各科目信息，并未公布"长期负债"项目信息；而政府净资产项目只公布了"金融净资产"及下属各科目，并未公布"非金融净资产"项目信息。

表 8—5　　政府资产负债信息各项目透明度得分(2017—2018)

调查项	完全公开信息的省份数		公开部分信息的省份数		没有公开信息的省份数		平均得分（满分 1 分）	
	2017 年	2018 年	2017 年	2018 年	2017 年	2018 年	2017 年	2018 年
政府资产负债总额	0	0	0	0	31	31	0	0
政府资产一级分类信息	0	0	11	13	20	18	0.18	0.21
政府资产二级分类信息	0	0	11	13	20	18	0.20	0.24
政府负债一级分类信息	0	0	11	13	20	18	0.18	0.21
政府负债二级分类信息	0	0	11	13	20	18	0.18	0.21
政府净资产一级分类信息	0	0	11	13	20	18	0.18	0.21
政府净资产二级分类信息	0	0	11	13	20	18	0.30	0.42

表 8—6

2016 年度甘肃省预算资金年终资产负债表

单位:万元

资产部类					负债部类				
会计科目	期初数		期末数		会计科目	期初数		期末数	
	合计	其中:本级	合计	其中:本级		合计	其中:本级	合计	其中:本级
资产	13 499 160	12 485 351	14 537 334	17 708 881	负债	10 996 556	8 106 152	17 294 403	13 941 903
国库存款	2 042 626	503 919	1 953 048	581 264	应付短期政府债券				
国库现金管理存款			2 000 000	2 000 000	应付国库集中支付结余	2 750 466	301 209	3 229 145	379 020
其他财政存款	112 681	12 713	106 499	20 364	与上级往来	120 080	120 080	80 980	80 980
财政零余额账户存款					其中:上级拨付国债转贷资金	29 999	29 999	16 917	16 917
有价证券	30		30		计划单列市与省往来				
在途款	33 507	26 337	1 421	1 421	其他应付款	566 089	154 124	484 580	45 155
预拨经费	438 214		682 339		应付代管资金	29 182		62 950	
借出款项	1 299 045		1 422 318		应付长期政府债券	7 527 000	7527 000	13 433 467	13 433 467
应收股利					借入款项	3 739	3 739	3 281	3 281
与下级往来		—454 928		—660 831	应付地方政府债券转贷款				
其中:省与计划单列市往来					应付主权外债转贷款				

续表

资产部类					负债部类				
会计科目	期初数		期末数		会计科目	期初数		期末数	
	合计	其中:本级	合计	其中:本级		合计	其中:本级	合计	其中:本级
其他应收款	2 490 011	2 082 564	629 133	200 640	其他负债				
应收地方政府债券转贷款		3 231 700		7 823 477	已结报支出				
应收主权外债转贷款					净资产	2 502 604	4 379 199	−2 757 069	3 766 978
股权投资	7 083 046	7 083 046	7 742 546	7 742 546	一般公共预算结转结余	1 091 881	598 639	1 068 736	708 010
待发国债					政府性基金预算结转结余	621 887	145 480	681 070	144 488
					国有资本经营预算结转结余	101 285	100 193	21 891	7 132
					专用基金结余	8 929	8 854	16 598	16 523
					预算稳定调节基金	1 119 173	739 000	1 141 696	758 524
					预算周转金	7 142	3 026	7 142	3 026
					资产基金	7 083 046	#REF!	7 742 546	#REF!
					待偿债净资产	−7 530 739	#REF!	−13 436 748	#REF!
总　计	13 499 160	12 485 351	14 537 334	17 708 881	总　计	13 499 160	#REF!	14 537 334	#REF!

8.3 小 结

政府的资产负债即是公共资产和负债，与公众利益密切相关。作为重要的政府财务信息，它的管理必须完整、详细、公开透明。缺失这一信息，公众及其代表将无法判断政府规模有多大，政府能力有多强，更无法保证公共财产的安全。正是基于这一认识，我们开展了这项透明度调查。但从调查结果反映的情况看，情况不容乐观。一是尚有将近一半的省级政府不公开资产负债信息，不公开的理由有多种，甚至没有理由。二是公开的信息残缺不全。只公开了金融资产信息，没有公开非金融资产信息；只公开了短期债务，没有公开长期债务；只公开了政府账面上的债务，没有公开各种融资平台上的债务。这不仅反映了政府资产负债信息透明度不高，而且也反映了政府资产负债管理上的混乱。

本届政府已对政府资产负债管理提出了明确的要求，各级政府都在编制政府财务报告，或为编制政府财务报告做准备。期待在不久的将来迎来政府资产负债管理的改善和信息透明度的提高。

9 省级部门预算及相关信息透明度评估

就省级政府部门预算收支及相关信息（包括部门机构、人员与资产等方面）的透明度状况进行考察是中国财政透明度报告的一部分。在2010—2017年度《中国财政透明度报告》中，我们就我国省级政府部门预算（我们主要以部门决算的信息为考察指标）及相关信息的透明度状况进行了专题考察。本章的研究是前面八年研究的继续和拓展。与以往年度的研究一样，此研究的开展具体有以下几方面的目的：一是对我国省级政府部门预算透明度状况的把握：目前，在部门层面，我国省级财政及相关信息整体的透明度状况如何？财政透明度有何结构性差异特征？相比以往，透明度状况有何变化？二是对财政透明度状况及其变化的逻辑解释：透明度整体水平及其结构变化的原因是什么？三是对未来我国财政透明度建设的规范思考：省级政府部门预算及相关信息的透明度考察对于我国财政透明度的建设和推进有何规范意义？其中，研究思路与以往一致，基于第3章所给出的评估标准和方法，我们下面依次从整体水平与结构差异（包括主体结构差异与客体结构差异这两个角度）来就透明度状况作出分析。

9.1 部门预算及相关信息公开的整体水平

为了从整体上把握我国省级政府部门预算信息公开的情况，项目组先就

2018 年省级政府部门预算及相关信息的透明度水平作出考察。报告的分析拟从静态与动态两个方面来进行:分析目前透明度的整体水平及变化(见表 9—1),并就其中的原因给出恰当的理论解释。

表 9—1　部门预算及相关信息透明度的整体水平及其变化情况(2010—2018)

指标＼年份	2018	2017	2016	2015	2014	2013	2012	2011	2010
实际得分	3 918	4 195	3 146	2 422	1 687	8 422.7	3 280.4	1 684.5	1 534.5
总　分	8 866	8 866	8 866	8 866	8 866	88 660	88 660	88 660	85 250
百分制得分	44.2	47.3	35.5	27.3	19.0	9.5	3.7	1.9	1.8
增长率(%)	−6.6	33.2	30.0	43.7	100.0	156.8	94.7	5.6	—
得分单位数	299	310	263	233	177	195	182	36	18
单位总数	341	341	341	341	341	341	341	341	341
得分单位占比(%)	87.8	90.9	77.1	68.3	51.9	57.2	53.4	10.6	5.3

说明:①在 2010—2013 年的透明度评估中,每一个问题的分值是 10 分,从 2014 年起,每一个问题的分值则为 1 分,这使得 2014—2018 年的总分同 2010—2013 年的总分存在差异;②在总分所涉及的评估内容方面,2010—2013 年的评估考虑了态度,而自 2014 年起,由于有关部门信息公开态度的评估已经纳入了一般的评估范围,进而本章也就不再就态度状况进行专门的评估,这使得之后几年的总分相比以往评估中的总分要少了态度的评分;③表中的增长率是本年相比上一年得分的增长率。

9.1.1　信息公开整体水平的静态分析

从表 9—1 所给出的相关统计数据来看,整体而言,我国省级政府部门预算信息的透明度水平依旧较低。因为在最终的得分方面,在 2018 年的评估中,341 个单位的透明度得分仅为 44.2 分,不足 50 分,没有达到及格水平。特别地,正如之前的透明度报告所表明的,就本项目组所采用的评估体系和评分标准而言,有关透明度的要求和指标并不是很高。因为:

其一,从我们所调查和评估的政府信息内容来看,此次透明度评估的调查提纲完全是基于财政部所统一规定的财政预决算报表体系来确立的。我们调查的表格具体有"收入支出决算总表(财决 01 表)""支出决算表(财决 04 表)""支出决算明细表(财决 05 表)""基本支出决算明细表(财决 05—1 表)""项目支出决算明细表(财决 05—2 表)""资产负债简表(财决 12 表)""资产情况表(财决附 01 表)""基本数字表(财决附 03 表)""机构人员情况表(财决附 04 表)""各项目支出按经济分类的明细表(补充表)"。就上述 10 张表格而言,除了最后一张补充调查表外，相关部门在日常的收支管理中均已有此方面的规范信息，相关信息的公开在技术上也并不存在任何困难，且公开的成本也很低。毕竟，上述信息的公开基本上不需要相关部门就表格数据进行加工和（或）汇总（补充表可能是一个例外）。

其二，从这里所使用的具体的透明度评估体系来看，正如第3章有关评估方法的介绍所表明的，此次透明度评估所涉及的信息包括：①收入总数及其分类信息；②部门支出的信息，具体包括支出（总支出、基本支出和项目支出）分别按功能分类和按经济性质分类的类、款和（或）项级层面的信息（参见表9—2）；③部门资产信息及补充数据；④与人员及机构有关的部门基本数字。就该评估体系所涉及的数据资料来看，它们其实都包含在前面所列举的各表格当中。[①]因此，从这个意义上来说，就透明度评估的指标体系来看，部门预算及相关信息的公开也不存在技术上的困难。

表9—2　　财政支出信息评估内容

信息级次	支出按功能分类			支出按经济性质分类		
	总支出	基本支出	项目支出	总支出	基本支出	项目支出
类	√	√	√	√	√	√
款	√	√	√	√	√	√
项	√	√	√			

注：表中“√”表示评估涉及该项支出信息内容。

其三，在评估标准的难易度方面，正如以前年度的透明度报告所指出的那样，此项透明度的评估只考虑结果的信息，而不涉及过程的信息；而在信息的规范性方面，此项评估只考虑相关的信息是否可以获得，而并不考虑信息的准确性、可靠性与及时性。因此，此项评估对于透明度的要求并不是很高。实际上，只要相关部门主动或应申请而全部公开了“收入支出决算总表”等相关表格，那么该部门的透明度得分就是满分100分。

考虑到透明度的评估标准以及评估的具体结果和水平，可以说，我国省级部门预算及相关信息的公开依旧存在很大的提升空间。

我国省级部门预算信息的公开水平之所以不高，从直接层面来看，与以下两方面的因素有关：

一是得分的单位数目及比例不全。表9—1所给出的统计数据表明，在

① 对于补充表“各项目支出按经济分类的明细表”所涉及的财政信息，为保证评估体系的连续性，最后在确定评估标准时，我们依旧未将其纳入评估体系当中。

2018年的评估中,341个单位中尽管有299个单位(占全体单位的87.8%)有得分,但还是有42个单位(占12.2%)的得分为零(得分单位与不得分单位的具体情况请参见表9—3)。这也就意味着在所有被评估单位中,在我们所确定的信息范围内,还是有超过10%的单位没有财政信息公开,这在一定程度上降低了透明度得分的整体水平。

二是得分单位的平均得分水平还比较有限,这也是最为关键的方面。对于有信息公开的299个单位,其平均百分制得分仅为50.4分,也没有达到及格的水平。

表9—3　　341个单位预算透明度的百分制评分情况　　单位:分

省份	政府	人大	政协	教育	财政	国税	地税	工商	卫生	交通	环保
安徽	46.2	46.2	46.2	46.2	46.2	0.0	46.2	46.2	46.2	46.2	46.2
北京	46.2	46.2	46.2	46.2	46.2	0.0	46.2	46.2	46.2	46.2	46.2
福建	0.0	46.2	46.2	100.0	46.2	0.0	100.0	46.2	50.0	46.2	46.2
甘肃	100.0	46.2	46.2	46.2	46.2	0.0	46.2	46.2	46.2	46.2	50.0
广东	84.6	46.2	50.0	50.0	50.0	0.0	46.2	46.2	46.2	100.0	46.2
广西	46.2	46.2	46.2	46.2	46.2	0.0	46.2	46.2	46.2	46.2	46.2
贵州	100.0	46.2	50.0	46.2	46.2	0.0	100.0	46.2	100.0	50.0	46.2
海南	46.2	46.2	46.2	46.2	46.2	0.0	46.2	46.2	46.2	46.2	46.2
河北	46.2	46.2	46.2	46.2	46.2	0.0	46.2	46.2	46.2	100.0	46.2
河南	46.2	46.2	46.2	46.2	46.2	0.0	46.2	46.2	46.2	46.2	46.2
黑龙江	3.8	53.8	46.2	46.2	100.0	0.0	46.2	46.2	46.2	46.2	46.2
湖北	46.2	46.2	46.2	46.2	100.0	0.0	46.2	46.2	46.2	46.2	48.1
湖南	46.2	46.2	46.2	100.0	46.2	0.0	46.2	46.2	100.0	46.2	46.2
吉林	42.3	0.0	0.0	46.2	100.0	0.0	46.2	46.2	46.2	48.1	48.1
江苏	46.2	46.2	46.2	46.2	46.2	0.0	46.2	46.2	46.2	46.2	46.2
江西	46.2	46.2	46.2	46.2	46.2	0.0	46.2	46.2	46.2	46.2	46.2
辽宁	23.1	38.5	38.5	38.5	100.0	0.0	38.5	38.5	38.5	38.5	38.5
内蒙古	38.5	38.5	38.5	38.5	23.1	0.0	38.5	38.5	38.5	38.5	76.9
宁夏	100.0	38.5	38.5	46.2	46.2	0.0	38.5	38.5	46.2	38.5	38.5
青海	38.5	38.5	38.5	38.5	38.5	0.0	46.2	38.5	38.5	38.5	38.5

续表

省份	政府	人大	政协	教育	财政	国税	地税	工商	卫生	交通	环保
山东	100.0	38.5	38.5	38.5	100.0	38.5	38.5	100.0	100.0	38.5	38.5
山西	38.5	84.6	38.5	38.5	38.5	0.0	38.5	38.5	46.2	38.5	100.0
陕西	38.5	38.5	38.5	38.5	100.0	42.3	38.5	38.5	38.5	38.5	38.5
上海	38.5	38.5	38.5	76.9	76.9	46.2	38.5	76.9	38.5	38.5	76.9
四川	53.8	53.8	53.8	53.8	92.3	0.0	53.8	53.8	53.8	53.8	46.2
天津	46.2	46.2	46.2	100.0	46.2	0.0	46.2	46.2	17.3	46.2	46.2
西藏	46.2	46.2	46.2	53.8	46.2	0.0	0.0	46.2	46.2	46.2	46.2
新疆	0.0	0.0	0.0	76.9	0.0	0.0	0.0	76.9	0.0	76.9	76.9
云南	46.2	46.2	46.2	46.2	46.2	0.0	0.0	46.2	46.2	46.2	46.2
浙江	46.2	46.2	0.0	46.2	100.0	0.0	46.2	46.2	46.2	46.2	100.0
重庆	46.2	46.2	46.2	46.2	100.0	46.2	0.0	0.0	0.0	46.2	46.2

至于我国省级部门预算及相关信息公开水平不高的深层次原因，可能与以下几方面因素有关：

第一，我国财政信息公开依旧处于起步阶段，受此影响，我国财政信息公开的起点比较低，这不仅是意识方面的，也是能力方面的，这使得财政信息公开的程度受到了极大的限制。这一点对于部门预算来说尤为如此。从表9—1所给出的数据来看，从2010年到2018年，部门预算及相关信息的透明度水平一直比较低，从未超过50分。

第二，受政治架构与财税管理体制等诸多因素的影响，我国财政信息公开受到诸多因素的限制和桎梏，相关的制度规范尚未完全建立起来，财政信息公开推进的力度有限。比如，在预算主体方面，人大、政协以及二级预算单位（如省级国税部门）是否需要公开其预决算信息？现有的制度对此没有明确的规定。这使得相关单位就有拒绝公开预算信息的“理由”和“依据”。在我们的调查中，有的人大部门依旧明确表示：人大没有公开所调查财政信息的义务和责任（尽管有诸多省份的人大和政协在网上公开了其财政收支的相关信息）。而对于国税部门，有较多的单位在反馈中表示：“我局作为垂直管理的中央预算单位，部门预算、决算等相关信息已由国家税务总局统一向社会进行公开，请你们通过国家税务总局网站或相关社会媒体查阅。”

第三，在法律制度规定层面，尽管新修订的《预算法》第十四条、第二十二条和第八十九条对于政府预算公开作出了规定，但对于部门预算信息的公开，地方究竟应该具体公开到何种程度？目前的制度规范也没有对此作出详尽的法律规定。至于非财政预算的信息，比如人员与机构方面的信息，相关的法律根本就没有对此作出规定，这使得地方在预算信息公开上没有直接的法律依据。

9.1.2 信息公开整体水平的动态分析

当然，尽管我国省级政府部门预算信息的透明度水平不高，但表 9－1 的相关数据和信息也告诉我们：省级政府部门预算信息公开的进展程度整体上还是非常值得肯定的。相关数据表明：从 2010 年以来，省级部门预算及相关信息透明度得分呈上升趋势：其一，从得分的整体水平看，2018 年、2017 年，341 个省级单位预算透明度的平均百分制得分分别为 44.2 分和 47.3 分，而 2016 年、2015 年、2014 年、2013 年、2012 年、2011 年和 2010 年的平均百分制得分分别仅为 35.5 分、27.3 分、19.0 分、9.5 分、3.7 分、1.9 分和 1.8 分。其二，从得分增长的情况来看，自 2011 年以来，省级政府部门预算及相关信息透明度的提升幅度比较大，并得以持续维持。

2011 年以来，省级政府部门预算及相关信息透明度之所以会有如此大的变化，与两方面的因素直接相关：

其一，有信息公开的单位数增加。2010 年，在 341 家单位中，有信息公开的单位数仅有 18 家（占 5.3%），但是到了 2018 年、2017 年，有信息公开的单位数增加到 300 家左右，已经占到所有评估单位的约 90%（参见表 9－1），这两年有信息公开的单位数是 2010 年有信息公开单位数的 17 倍。这也就意味着，即便各单位（有信息公开的单位）信息公开的水平不变，部门预算透明度的水平也会增加 17 倍，即从原来的 1.8 分增加到 31 分。这进一步告诉我们，有信息公开单位数的增加是部门预算透明度提升的重要因素。

其二，有信息公开的单位的信息公开平均水平上升（参见表 9－1）。2010 年，对于有信息公开的 18 家单位，其透明度的平均得分为 34.1 分（百分制得分），但最近两年，有信息公开的单位数的平均得分已提升到 50 分左右，增加幅度较大。特别地，相比 2010 年，在最近两三年之内，有部分单位的信息公开水平得到了明显的提升。2015 年，福建省地方税务局等 16 家单位的得分高达 100 分。2016 年，安徽省交通运输厅等 22 家单位的得分为 100 分。在 2017 年，安徽省交通运输厅等 26 家单位得分为 100 分。而 2018 年，得分为 100 分的单位有 25 个，它们分别是：福建省教育厅、福建省地方税务局、甘肃省人民政府办公厅、广东省交通运输厅、贵州省人民政府办公厅、贵州省地税局、贵州省卫生厅、河北省交通厅、黑龙江省财政厅、湖北省财政厅、湖南省教育厅、湖南省卫生和计划生育委员会、吉林省财政厅、辽宁省财政厅、宁夏回族自治区人民政府办公厅、山东省人民政府办公厅、山东省财政厅、山东省工商行政管理局、山东省卫生和计划生育委员会、山西省环境保护厅、陕西省财政厅、天津市教育厅、浙江省财政厅、浙江省环境保护厅与重庆市财政局。如果我们将有得分的单位数增加理解为信息公开"数量"的提升的话,那么,得分为满分的单位数增加,则从一个方面说明单位信息公开的"质量"有显著提升。

当然,不管政府部门预算透明度整体水平的提升是信息公开单位数的增加所引起的还是有信息公开单位所公开的信息量的增加所引致的,在过去的几年中,省级政府部门预算及相关信息的透明度水平显然是明显提升了。至于其中更深层次的原因,在很大程度上与党、政府和人大对于部门预算公开的积极推动有关。其一,在党的文件方面,中共十八届三中全会决定明确提出"实施全面规范、公开透明的预算制度"。其二,在政府层面,《政府信息公开条例》第十条规定:县级以上人民政府及其部门应当按照条例第九条的规定,在各自职责范围内确定主动公开的政府信息的具体内容,并重点公开财政预算、决算报告等政府信息。而《国务院关于深化预算管理制度改革的决定》(国发〔2014〕45 号)明确要求:政府预决算支出全部细化公开到功能分类的项级科目。相关的规定为省级部门财政信息的公开提出了制度性的要求。之后,国务院办公厅《关于做好政府信息依申请公开工作的意见》(国办发〔2015〕5 号)为政府信息的公开作出了进一步的要求。其三,在人大方面,修订后的《预算法》对政府信息公开尤其是预决算信息的公开有明确的制度性规定。而相关的制度规定,在前面几年中,已经对财政透明度建设产生了建设性的影响。而作为影响力的延续,相关的制度规定依旧在发挥作用。

一方面是党、政府和人大在制度方面的建设,另一方面则是中央在预算信息公开方面的示范性作用。在财政信息公开的实践方面,2011 年,国务院明确要求公开中央部门决算,并逐步公开"三公"经费和行政经费,而地方则要比照中央的做法,公开经同级人大或常委会审查批准的政府财政预算、决算。中央为地方做出了榜样,并对地方的部门预算信息公开起到了直接的推动作用:示范性作用不仅促使有信息公开的单位数快速增长,也促使有信息公开的单位其信息公开水平有显著提升。

当然,在强调透明度进步基本态势的同时,我们也发现:其一,随着平均得分的逐年上升,该项基数不断增加,使得 2013 年以后的增幅较前几年的增幅有所下降,该项透明度得分的增长速度有所放缓。其二,在 2018 年的评估中,透明度的得分甚至出现了负增长,比 2017 年下降了 6.5%。至于其中的原因，这在很大程度上与我国政府信息公开的推动机制有关。相关部门在公开政府财政信息时，往往是参照中央部门的标准来进行的，对于没有明确规定的信息，比如按经济分类的信息，诸多部门在信息公开时会选择不公开，从而降低了得分的整体水平。

9.2 部门预算及相关信息公开的主体差异

在对省级政府部门预算及相关信息透明度的整体状况进行考察之后，我们考察其透明度的结构方面。特别是考虑到透明度有主体结构与客体结构两个方面，作为分析的开端，我们首先从主体的角度就透明度的结构问题进行考察。当然，由于主体可以是单位层面的，也可以是部门或者省际层面的，我们分别从单位、省际与部门等方面来进行考察。

9.2.1 部门预算及相关信息公开的单位差异

对于所调查的341个省级单位，从表9—3所给出的统计数据来看，不同单位之间的透明度还是存在很大差异的，主要体现在两个层面：

第一是透明度得分为零的单位以及得分为正的单位间的差异。在2018年的评估结果中，还是有42个单位的得分为零，占全部被调查单位的12.2%；而得分为正的单位有299个，占全部被调查单位的87.8%，这299个单位的平均百分制得分为50.2分。另外，从动态的角度看，与前两年的情况不同，2018年，得分为零的单位相比2017年有增加的趋势，从2017年的31个增加到42个。由于是有和无的区别，而得零分的单位依旧有一定的比例，因而总体上，两类单位的透明度得分差异明显。

第二是得分为正的相关单位之间的透明度差异。在得分为正的单位中，得分最低的单位的得分为3.8分，而得分最高的单位的得分则为100分，得分最高的单位的得分是得分最低的单位的得分的近25倍，差异同样明显。

为了就得分的单位差异作出更为系统的分析，我们按照分数的高低就各得分段的单位数进行了统计（见表9—4）。

从表9—4所给出的统计结果可以看出，从单位的角度来看，部门预算及相关信息公开在结构上有以下几个特点：

其一，单位的透明度状况存在明显的两极分化现象。一方面，有25个单位（占7.3%）的得分为满分；另一方面，则有42个单位（占12.3%）的得分为零。透明度两极分化的状况说明，在部门预算及相关信息的公开方面，各单位还有很大的随意性。这其中的一个可能原因是：现有的制度规范对于相关的

表 9—4　　各单位分区段得分统计(2015—2018)

得分区间	2018 年		2017 年		2016 年		2015 年	
	单位数	占比(%)	单位数	占比(%)	单位数	占比(%)	单位数	占比(%)
100	25	7.3	26	7.6	22	6.5	16	4.7
(100,90]	1	0.3	0	0.0	0	0.0	1	0.3
(90,80]	2	0.6	4	1.2	3	0.9	3	0.9
(80,70]	9	2.6	10	2.9	2	0.6	1	0.3
(70,60]	0	0.0	14	4.1	15	4.4	0	0.0
(0,50]	17	5.0	13	3.8	6	1.8	4	1.2
(50,40]	181	53.1	214	62.8	82	24.0	43	12.6
(40,30]	60	17.6	28	8.2	113	33.1	111	32.6
(30,20]	2	0.6	0	0.0	3	0.9	25	7.3
(20,10]	1	0.3	1	0.3	13	3.8	21	6.2
(10,0)	1	0.3	0	0.0	4	1.2	8	2.4
0	42	12.3	31	9.1	78	22.8	108	31.7

责任主体尚缺乏硬性约束,各单位于是可以根据自己的喜恶来选择是否公开信息。

其二,在这两个极端之间,其他单位的透明度得分主要分布在40～50分的区间范围内,这意味着对于大部分有信息公开的单位来说,其公开水平还是受到一定限制的:有信息公开的大多数单位,其信息公开的比例不到50%。之所以如此,其原因在于:在信息公开方面,现行制度还有诸多欠明确的地方。比如,对于按经济性质分类的支出信息,政府部门应该公开到何种程度?现有制度没有明确的规定。同时,对于部门资产信息、部门人员组成与机构设置等方面的信息,现行制度也缺乏规定。这使得那些有信息公开的单位更倾向于不公开此类信息,从而导致信息公开的程度受到限制。

其三,从动态的角度看,关于未公开信息的单位比例,2015年和2016年分别为31.7%和22.8%,2017年这一比例降低至9.1%,但2018年又返回至12.3%;得分处于(0,40)区间的单位比例也有类似的特点,从2015年的48.5%、2016年的39%降低到2017年的8.5%,2018年又返回至18.8%。低分比例的趋势性降低在很大程度上与中央对于地方财政信息公开所作的制度规定有关。国务院的相关制度规定了地方政府信息公开的详细程度,这使得有信息公开的单位所能公开的信息相比以前有了明显提升。但与此同时，由于现有制度约束法治力不够等方面的局限性，相关单位在信息公开方面依旧有很大的随意性。

9.2.2 部门预算及相关信息公开的省际差异

根据表 9－3 给出的信息，我们进一步就 31 个省份的政府部门预算及相关信息透明度得分情况进行了统计。表 9－5 给出了根据统计数据所得到的省际排行榜。

表 9－5　　部门预算及相关信息公开的省际排行及变化(2017—2018)

省份	2018 年		2017 年		变化	
	百分制得分	排名	百分制得分	排名	百分制得分	排名
山东	60.8	1	71.3	2	－10.5	↑1
贵州	57.3	2	49.7	11	7.6	↑9
上海	53.1	3	50.7	8	2.4	↑5
四川	51.7	4	42	21	9.7	↑17
湖南	51.7	5	49.7	11	2.0	↑6
广东	51.4	6	58.7	3	－7.3	↓3
福建	47.9	7	58	4	－10.1	↓3
浙江	47.6	8	46.2	14	1.4	↑6
甘肃	47.2	9	56.7	5	－9.5	↓4
湖北	47.0	10	42.3	20	4.7	↑10
河北	46.9	11	42	21	4.9	↑10
山西	45.5	12	40.9	26	4.6	↑14
陕西	44.4	13	51.4	6	－7.0	↓7
天津	44.2	14	39.2	29	5.0	↑15
黑龙江	43.7	15	50	10	－6.3	↓5
宁夏	42.7	16	40.2	27	2.5	↑11
安徽	42.0	17	50.3	9	－8.3	↓8
北京	42.0	18	45.8	15	－3.8	↓3
广西	42.0	19	42	21	0.0	↑2

续表

省份	2018 年		2017 年		变化	
	百分制得分	排名	百分制得分	排名	百分制得分	排名
海南	42.0	20	42	21	0.0	↑1
河南	42.0	21	40.2	27	1.8	↑6
江苏	42.0	22	42	21	0.0	↓1
江西	42.0	23	44.4	17	−2.4	↓6
辽宁	39.2	24	42.7	18	−3.5	↓6
吉林	38.5	25	42.7	18	−4.2	↓7
重庆	38.5	26	51	7	−12.5	↓19
西藏	38.5	27	30.4	31	8.1	↑4
云南	37.8	28	44.8	16	−7.0	↓12
内蒙古	37.1	29	47.6	13	−10.5	↓16
青海	35.7	30	38.1	30	−2.4	—
新疆	28.0	31	73.8	1	−45.8	↓30

注:“+”表示得分增加,“−”表示得分减少;“↑”表示排名上升,“↓”表示排名下降,“—”表示排名不变。

从排行榜所给出的得分情况来看,在省际层面,部门预算及相关信息的财政透明度有如下特点:

首先,省际透明度得分的差异很大。2018 年,部门预算及相关信息透明度得分最高的省份是山东,其得分为 60.8 分,而得分最低的新疆则仅为 28 分,前者得分是后者的 2.2 倍,省际部门预算及相关信息透明度得分的差异比较大。至于其中的原因,从直观的角度来看,主要是因为有信息公开的单位数的差异:山东有信息公开的单位数有 11 个,而新疆只有 3 个。至于各单位信息公开程度的差异,倒不是最主要的。对于有信息公开的单位,山东有 4 个单位得满分,其他 7 个单位的得分均为 38.5 分;而新疆有得分的 3 个单位,它们的得分都是 76.9 分,其得分虽然比得满分的单位低,但相比其他单位还是高的(参见表 9—3)。

其次,在相对差距的变化方面,省际差异有下降的趋势。一方面,自 2013 年以来,所有省份部门预算及相关信息公开的得分都为正数,消除了得分为零的情况。另一方面,从最高分与最低分的比值来看,2015 年和 2016 年的比值分别为 6.8 和 2.7,2017 年和 2018 年的比值分别为 2.4 和 2.2,相对差异有降低的迹象。

最后，在差异的绝对水平方面，省际也有缩小的趋势。2015 年，得分最高省份（河南）的得分为 45.1 分，而得分最低省份（河北）的得分仅为 4.9 分，前者高出 40 分左右。2016 年，得分最高的广东比得分最低的广西高出 39 分左右，与 2015 年的差距水平基本持平。2017 年，得分最高的新疆比得分最低的西藏高出 40 分左右，与前两年的绝对差异基本持平。但 2018 年得分最高的山东比得分最低的新疆高 31.2 分。

9.2.3 部门预算及相关信息公开的部门差异

根据表 9—3 所给出的各单位的得分信息，我们就 11 个部门透明度的得分情况进行了统计，表 9—6 是根据统计数据所得到的部门排行榜。

表 9—6　　预算信息公开的部门排行（2017—2018）

部门	2018 年		2017 年		变化	
	得分	排名	得分	排名	得分	排名
财政	59.9	1	63.4	1	−3.5	—
教育	52.5	2	51.1	5	1.4	↑3
环保	51.6	3	53.1	2	−1.5	↓1
交通	49.1	4	52.9	3	−3.8	↓1
政府	48.1	5	52.6	4	−4.5	↓1
工商	47.1	6	48.8	7	−1.7	↑1
卫生	46.6	7	50.4	6	−3.8	↓1
人大	43.2	8	47.6	8	−4.4	—
地税	42.2	9	47	9	−4.8	—
政协	40.2	10	46.7	10	−6.5	—
国税	5.6	11	6.8	11	−1.2	—

注："＋"表示得分增加，"－"表示得分减少；"↑"表示排名上升，"↓"表示排名下降，"—"表示排名不变。

从表 9—6 所给出的排行结果来看，从部门性质角度来考察的部门预算信息公开，有以下几个特点：

其一，对于所评估的 11 个部门，与前面几年的评估结果具有相似性，国税部门是最特殊的，它是唯一一个得分在 10 分以下的部门：其 2018 年的得分仅为 5.6 分。国税部门的得分之所以最低且得分下降，其原因是：国税部门属于垂直管理的单位，其预算属于国家税务总局的一部分。对于中央直属单位二级预算单位,国家还没有出台主动公开财政方面相关信息的具体规定和相关细则。大部分的国税部门于是以此为由拒绝公开本部门的信息,而能够主动公开相关信息的,更是寥寥可数(有省份的国税部门在网上公开了一些信息,但它们所公布的是国家税务总局的汇总信息,而不是本部门的信息)。

其二,人大和政协这两大部门的透明度得分有根本性的改变。由于《政府信息公开条例》规定政府信息公开的主体为行政部门,人大和政协这两大部门的诸多单位于是就认为它们不是行政部门,在刚开始评估的 2010 年、2011 年和 2012 年,人大与政协能就信息公开申请给予答复的单位很少,而能够公开实质性信息的单位几乎没有,这使得两类部门的得分基本为零。从 2013 年开始,这一情况有了实质性的变化:有单位已经主动或应申请公开了部门的部分信息。从 2018 年的情况看,人大和政协的透明度状况基本上延续了 2013 年以来的透明度发展势头:虽然人大和政协的得分与其他部门相比还是比较落后,但与其他 9 类单位(不包括国税和地税部门)的差异已经不是非常明显。在 2018 年,除吉林和新疆的省(自治区)人大、湖北省政协外,其他 58 个单位在一定程度上均公开了其部门预决算的信息。这使得与 2017 年、2018 年人大和政协的评分都超出了 40 分,与行政部门(国税和地税除外)的绝对差异明显缩小。这一点说明,中央部门预算公开已经给地方预算信息公开起到了良好的示范效应,有越来越多省份的人大和政协能够主动公开它们的财政信息。但与此同时,由于《政府信息公开条例》未明确将人大和政协列为预算信息公开的主体,对于项目组的申请,它们整体上还是倾向于不回复,并基于它们不是行政部门而予以拒绝。同时,受整体水平下降的影响,人大和政协的绝对得分比 2017 年有所下降。

其三,其余 8 大部门的得分有一定的差异,但差异并不是很大,基本上都在 45～60 分的区间范围内。相比而言,财政部门的得分比较高,将近 60 分。

9.3 部门预算及相关信息公开的客体差异

在就省级部门预算及相关信息透明度的主体差异作出分析之后,我们接下来考察其客体的差异。当然,由于关注的是客体差异,我们这里将单位、部门与省份之间的差异撇开。

9.3.1 信息类型与信息公开水平差异

在客体差异方面,不同性质的信息所体现的透明度水平不同,具体涉及以下几个方面:

其一，收支信息的透明度水平整体上要高于资产信息、人员信息与机构信息的透明度水平。因为在表 9—7 中，收支信息全部排在前面的 17 位，而其他信息则全部排在后面的 9 位，结构差异十分明显。关于其中的原因，这在很大程度上与省级部门预算信息公开的推动力性质有关。在我国，对于部门预算及相关信息的公开，相关省级单位主要是参照中央的模式来进行的。而在中央层面，目前部门预算公开的重点是收入和支出，而对于其他方面的信息，公开也相对较少（比如，国家税务总局所公布的 2013 年的部门预算信息主要是公共预算收支总表、公共预算收入表、公共预算支出表、公共预算财政拨款支出表与政府性基金预算支出表）。在此情况下，地方往往也就比照中央的做法，侧重于收支尤其是支出的信息公开。至于其他方面的信息，地方公开的就相对要少。与此同时，《预算法》有关透明度的制度性规定主要是收支方面的，它没有就资产信息与人员机构信息的公开作出明确规定。

表 9—7　　　　26 个信息项的得分及排名情况

序号	信息项	2018 年		2017 年		变化	
		百分制得分	排名	百分制得分	排名	百分制得分	排名
1	部门收入分类	87.4	1	89.1	10	−1.7	↑9.0
2	部门支出功能分类款级科目	87.4	1	90.6	2	−3.2	↑1.0
3	部门支出功能分类类级科目	87.4	1	90.9	1	−3.5	—
4	部门支出功能分类项级科目	87.1	4	90.6	2	−3.5	↓2.0
5	基本支出功能分类款级科目	86.5	5	90.6	2	−4.1	↓3.0
6	基本支出功能分类类级科目	86.5	5	90.3	6	−3.8	↑1.0
7	基本支出功能分类项级科目	86.5	5	90.6	2	−4.1	3.0
8	项目支出功能分类款级科目	86.5	5	90.3	6	−3.8	↑1.0
9	项目支出功能分类类级科目	86.5	5	90	9	−3.5	↑4.0
10	项目支出功能分类项级科目	86.5	5	90.3	6	−3.8	↑1.0
11	基本支出经济分类款级科目	68.9	11	74.8	12	−5.9	↑1.0
12	基本支出经济分类类级科目	68.9	11	75.4	11	−6.5	—
13	部门支出经济分类类级科目	13.8	13	26.1	13	−12.3	—

续表

序号	信息项	2018年		2017年		变化	
		百分制得分	排名	百分制得分	排名	百分制得分	排名
14	部门支出经济分类款级科目	13.5	14	19.4	14	−5.9	—
15	项目支出经济分类类级科目	11.1	15	13.8	15	−2.7	—
16	项目支出经济分类款级科目	10.6	16	13.5	16	−2.9	—
17	其他补充资产信息	10.6	16	11.7	20	−1.1	↑4.0
18	资产二级分类	10.6	16	12.3	17	−1.7	↑1.0
19	资产三级分类	10.6	16	12	19	−1.4	↑3.0
20	资产一级分类	10.6	16	12.3	17	−1.7	↑1.0
21	人员编制总数及各类人员编制数	10.0	21	9.7	21	0.3	—
22	年末实有人员总数及类型	8.8	22	9.7	21	−0.9	↓1.0
23	按经费来源划分的各类人员数	8.2	23	9.4	23	−1.2	—
24	部门机构二级信息	8.2	23	8.8	24	−0.6	↑1.0
25	部门机构三级信息	8.2	23	8.8	24	−0.6	↑1.0
26	部门机构一级信息	8.2	23	8.8	24	−0.6	↑1.0

注:“+”表示得分增加,“−”表示得分减少;“↑”表示排名上升,“↓”表示排名下降,“—”表示排名不变。

其二,在收支信息内部,支出按经济性质分类的信息,其透明度水平要远远低于按功能分类的信息的透明度水平。对于支出,其按功能分类的信息项共有9项(分别为评估标准中的第2、3、4、7、8、9、12、13、14项),而按经济性质分类的信息则为6项(分别为第5、6、10、11、15、16项)。在2018年的调查中,正如表9−7的相关数据所表明的,前9项信息的得分分别为87.4分、87.4分、87.1分、86.5分、86.5分、86.5分、86.5分、86.5分和86.5分,各项得分都在85分以上,而后面6项信息的得分则分别仅为13.8分、13.5分、68.9分、68.9分、11.1分和10.6分。显然,按经济性质分类的支出信息的透明度得分要明显低于按功能分类的支出信息的透明度水平。按经济性质分类信息的透明度之所以相对要低,一方面与信息本身的敏感性直接相关,按经济性质分类的信息要比按功能分类的信息相对敏感,另一方面也与我国现行信息公开制度规范的规定有关,《预算法》对于政府财政信息公开更多地强调按功能分类的信息。

9.3.2 信息级次与信息公开水平差异

部门预算信息公开客体上的差异一方面是不同信息类型之间的差异,另一方面是不同级次信息的差异。基于表 9－7 所给出的统计数据,我们发现:信息级次对透明度水平的影响主要出现在大的层级方面,如总支出同基本支出和项目支出之间的差异,而在小的层级方面(类、款、项这三级),信息级次越高,透明度水平也相对越高的现象已经不明显。其中,在大的层级方面,不管是支出按功能分类还是按照经济性质分类,总支出的透明度得分要高于其所对应的基本支出和项目支出的得分。比如,支出按照功能分类,其类、款、项三级的得分分别为 87.4 分、87.4 分和 87.1 分,而基本支出和项目支出按功能分类的类、款、项三级的得分均为 86.5 分。而在小层级的类、款、项三级的透明度方面,在以往年度的透明度调查中,其信息级次越高,透明度水平一般也相对要高。比如部门支出信息的透明度水平,2016 年,此类信息按功能分类的类级、款级与项级信息的透明度得分分别为 77.1 分、73.6 分和 71.6 分,呈现出一定的信息级别特征。但是,在自 2017 年开始,支出(不管是总支出、基本支出还是项目支出)按功能分类的类、款、项方面的信息,它们的得分基本上都相同,其层次性特征已经不太明显。2018 年的得分情况与 2017 年基本相同,各类信息中类、款、项这三级的得分基本相同:资产一、二、三级信息的透明度得分均为 10.6 分;而部门机构一、二、三级的信息得分则完全一样,都为 8.2 分。

至于上述信息,其不同级次信息的透明度水平为何差异不大,与目前此项透明度调查和评估的方式有关。与刚开始我们针对单独的信息项来进行调查和评估不同,最近几年的调查所针对的是具体的、规范化的统计表格。就部门资产与部门机构等方面的信息来说,它们各自的分级信息其实都在一张表上。在就我们的信息公开申请进行答复时,能够给出信息的单位往往就给出了完整的表格,而未给出信息的单位则什么都没给,这就使得各级次信息的得分基本是一样的。当然,或许也正是因为这种“连带”关系的拖累(有些单位也许愿意公开比较粗的信息,但考虑到表格的“连带”性,所有的信息都不公开了),使得相关部门公开这两类信息的水平还很有限。而在大的分级方面,由于不同信息其实是分布在不同表格中的,在选择信息公开时,部分单位还是选择公布一些大的数据,而更详细的数据则选择不公开。

9.4 部门预算及相关信息公开的特别考察

在前面的几节中,我们已经就省级政府部门预算及相关信息公开情况作出了评估。但是,在评估过程中,除了上述所评估的内容之外,省级政府部门预算及相关信息的评估还有几个值得特别考察的方面:一是信息公开的典型事例。经过多年的发展,省级政府部门预算及相关信息公开不仅整体上有进步,同时更是存在一些值得学习的典型,这需要特别考察。二是信息公开的规范进展。省级政府部门预算及相关信息透明度评估目前主要侧重于信息是否公开,至于信息公开是否规范,本项目并不作出评估。但在评估过程中,我们也发现,在过去的几年中,省级政府部门预算及相关信息在公开的规范性方面也有诸多值得我们关注的地方,比如预算信息公开内容的规范性与调查回复的规范性等。

9.4.1 部门预算信息公开的典型事例

在省级政府部门预算及相关信息公开方面,在 2018 年的评估中,有几方面的事例值得特别提出:

一是山东、陕西和上海三个省、直辖市的部门预算信息公开。2018 年,在山东、陕西和上海这三个省、直辖市,我们所评估的 11 个部门都公开了其部分或评估所涉及的全部信息。其中,山东省人民政府办公厅、山东省财政厅、山东省工商行政管理局与山东省卫生和计划生育委员会、山西省财政厅这 5 个单位甚至公开了项目组所评估的所有信息(见表 9—3)。这 5 个单位所公开的相关表格涉及“收入支出决算总表(财决 01 表)”“支出决算表(财决 04 表)”“支出决算明细表(财决 05 表)”“基本支出决算明细表(财决 05—1 表)”“项目支出决算明细表(财决 05—2 表)”“资产负债表(财决 12 表)”“基本数字表(财决附 03 表)”与“机构人员情况表(财决附 04 表)”等。

二是对补充调查信息的回复。在财政透明度评估的内容方面,为了就部门预算及相关信息透明度有一个更全面的评估,项目组还设置了一张补充表,要求各单位填写“各项目支出按经济分类的明细表”。与其他表格是现成表格不同,此表格的填写与制作需要各单位自行生成。就表格的制作及相关数据的填写而言,国务院办公厅《关于做好政府信息依申请公开工作的意见》(国办发〔2015〕5 号)文件规定:“行政机关向申请人提供的政府信息,应当是现有的,一般不需要行政机关汇总、加工或重新制作。”而在现实的信息公开答复中,诸多单位也以此为依据来就未能提供“各项目支出按经济分类的明细表”

作出说明。但是，尽管如此，贵州省人民政府办公厅、贵州省地税局、山东省卫生厅这3个单位还是能够对此补充表给予认真的填写和答复。

9.4.2 部门预算信息公开的规范进展

首先是有关部门职能及机构组成情况的说明。部门预算是为履行部门职能而进行的收支，而预算则是相关部门职能履行的经济体现。因此，恰当的预算公开需要以部门职能的介绍等为基本前提。在较早的预算信息公开中，比如，在2010年，由于部门预算及相关信息的公开尚处于起步阶段，相关单位在公开预算信息时，往往局限于信息本身，而对于有关信息的文字说明往往做得不够。但自2014年左右开始，我们在调查和评估中发现：有相当一部分单位不仅公开了收支信息，而且还开始就收支相关的信息作出说明，财政信息公开的规范化有明显的进步。2015年，随着我国政府信息公开和深化预决算管理制度改革的持续推进，各省份基本上均已出台《省级部门预决算及"三公"经费信息公开工作方案》或指导意见等规范性文件，省级政府部门在信息公开规范化方面又有所提高。2018年的透明度建设保持了前几年的发展势头，按此规范来公开财政信息的单位逐渐增多，财政信息公开的规范化程度日益提升。具体来说，相关单位在公开部门预决算时，它们不只是简单地公开财政收支方面的数据，而是以部门职能及机构组成等方面的说明为前提。部门预算的公开报告包括三部分：

第一部分是部门概况，主要介绍部门主要职能与决算单位构成。

第二部分是部门预决算表。

第三部分是对部门预决算情况的说明。

其次是信息公开的法治思维。在2016年的调查中，我们发现，各单位有关财政信息公开的法律意识日益凸显。在信息公开申请的回复中，诸多单位明确表示：如果对于答复不服，可以提请行政复议或行政诉讼。信息公开的法治思维在2018年的调查中得以延续和发展：针对项目组的信息公开申请，有70家单位在其答复中表示：当事人认为本行政行为侵犯其合法权益的，可以自收到本告知书之日起××日内向××××申请行政复议，也可以在收到本告知书之日起×××内直接向人民法院提起诉讼。

9.5 研究结论及其规范意蕴

到目前为止，基于我们所调查和搜索的信息，本部分已经从整体水平、主体差异、客体差异以及特别考察等方面，就2018年省级政府部门预算及相关

信息的透明度状况作出了实证考察与评估。研究表明:

其一,在整体水平方面,从评分结果来看,2018年,我国省级政府部门预算及相关信息透明度整体上维持不断进步的势头,但透明度整体水平依旧比较低,且有停滞甚至是倒退的迹象。①与2017年一样,省级政府部门预算及相关信息2018年的透明度评分均超过40分,整体上维持了不断增长的势头。部门预算透明度的提升在很大程度上与最近几年以来中央对部门预算以及“三公”经费公开的要求有关。受此推动和影响,诸多省份都出台了促进和规范部门预算信息公开的制度规范或者工作方案。此外,随着财政部2014年《关于进一步推进地方预算执行动态监控工作的指导意见》《关于深入推进地方预决算公开工作的通知》等文件的出台和新《预算法》的实施,我国预决算信息公开得以进一步提升。这一方面使得有信息公开的单位数快速增加,从2010年的18个单位扩展到300个左右,也就是说,绝大部分单位都会有信息公开而不是完全封闭;另一方面也使得有信息公开的单位的公开力度得以增大,在2018年的评估中,福建省地税局等25家单位的评估得分为100分。②在肯定政府信息公开进步的同时,我们应该看到,由于我国的财政信息公开依旧处于起步阶段,尽管部门预算及相关信息的公开近年来都有一定进展,但受各方面因素的限制,透明度的整体水平还比较有限,其整体的评分还不超过50分,依旧没有达到及格水平,离中共十八届三中全会所提出的“透明政府”“透明财政”目标还有很大的距离。特别值得注意的是,相比2017年,2018年的得分还有下降的趋势。至于政府财政信息公开具体如何来推动,受政治体制的影响,这在很大程度上离不开中央的进一步推动以及相关的制度规范和严格执行。

其二,在主体结构方面,研究表明:①在省级结构方面,从得分最高省份的得分与最低省份得分的相对比值来看,省际间差异依旧很大。2018年,得分最高的山东的得分(60.8分)是得分最低的新疆的得分(28分)的2.2倍。但省际的相对差异在一定程度上有缩小的趋势。②在部门结构方面,与前几年的情况基本一样,伴随着政府的努力,尤其是中央的示范性做法,公开部门预决算信息的单位并不只是局限于狭义的行政部门。在调查中我们发现,尽管有些省份的人大部门依旧明确表示人大并没有公开其部门预算的责任,但有相当一部分的省级人大和政协在网上主动公开其部门预据算的信息。在2018年的调查中,除了吉林和新疆的省(自治区)人大和湖北省政协之外,其他58个单位(省级人大和政协)均公开了其部门预决算的信息。在这一背景下,与2017年一样,2018年人大和政协这两大部门与其他部门的差异并不是十分明显,特别是相比排在后面的行政部门。③受管理体制及我国财政透明度制度规则局限等方面因素的影响，国税部门的透明度得分是最低的，且呈下降趋势：自 2015 年开始，随着人大和政协分数的提升，国税部门的分数开始在 11 个部门中排名垫底，其相对地位发生了变化。2018 年的情况与 2015 年、2016 年、2017 年的情况相同：国税部门的得分只有 5.6 分，排名最后一位。

其三，在客体结构方面，与以往年度的评估有一定不同，2018 年，类、款、项等方面的层次性差异并不是非常大：在诸多时候，上一级次信息的透明度与下一级次信息的透明度水平相同。客体结构差异的特征主要体现在不同性质信息透明度水平的差异上，主要体现在两个方面：①收支信息（主要是支出方面的信息）相比资产信息、人员安排与机构配置等方面信息的透明度明显要高；②支出信息内部的结构性差异：按经济性质分类的信息透明度得分要远低于按功能分类的信息透明度得分。这说明，按经济性质分类信息的公开难度大，尤其是项目支出按经济分类的信息。因此，促进按经济性质分类的明细信息的公开，既是预算信息公开不断进步的趋势，也是未来部门预算信息公开的难点所在，更是我们在今后的改革中必须要直接面对和需要解决的问题。

10 省级社会保险基金透明度评估

我国目前有10项社会保险基金，统筹层次均在省或省以下，省级社会保险基金信息披露对了解我国社会保险基金的运行情况至关重要。根据财政部公布的数据，2017年，全国社会保险基金收入55 380.16亿元，其中，社会保险费收入39 563.61亿元，财政补贴收入12 264.49亿元。全国社会保险基金支出48 951.67亿元。当年收支结余6 428.49亿元，年末滚存结余72 037.47亿元。①

我国社会保险基金的主体是城镇职工的养老、医疗、失业、工伤、生育等5大基金。后来又出台了针对城镇居民和农民的养老保险制度和医疗保险制度，社会保险基金增加至9项。2015年1月，国务院发布了《关于机关事业单位工作人员养老保险制度改革的决定》，从2014年10月1日启动实施。从此，我国又增加了一项社会保险基金——机关事业单位基本养老保险基金，由此社会保险基金类型增加至10项。10项社会保险基金如表10—1所示。

---

① 财政部:《关于2017年中央和地方预算执行情况与2018年中央和地方预算草案的报告》，第十三届全国人民代表大会第一次会议报告，2018年3月8日。

表 10—1　　　　　　　　　　我国 10 项社会保险基金

	机关事业单位职工	城镇职工	城镇居民	农民
养老保险	√	√	√(城居保)	√(新农保)
医疗保险		√	√	√(新农合)
工伤保险		√		
失业保险		√		
生育保险		√		

由于新型农村社会养老保险(以下简称"新农保"和城镇居民养老保险(以下简称"城居保")两种制度极为类似,又是先后设立,而且城居保制度的参保人数很少,为节省管理成本,有些省份在 2011 年城居保起步之初直接就将两种保险制度合二为一。2014 年 2 月 21 日,国务院出台《关于建立统一的城乡居民基本养老保险制度的意见》,决定将新农保和城居保两项制度合并实施,在全国范围内建立统一的城乡居民基本养老保险制度。目前财政部公布的居民社会保险基金收支与结余额已包含城镇居民养老保险基金和新型农村社会养老保险基金。

新型农村合作医疗基金(以下简称"新农合")由国家卫生和计划生育委员会管理,2013 年度新农合筹资总额达 2 972.5 亿元,人均筹资 370.6 元;全国新农合基金支出 2 909.2 亿元。2016 年初,按照国务院发布《关于整合城乡居民基本医疗保险制度的意见》(国发〔2016〕3 号)的要求,我国正式启动建立统一的城乡居民基本医疗保险制度的改革,要求整合城镇居民基本医疗保险和新型农村合作医疗两项制度。截至 2016 年 7 月,全国已有河北、湖北、内蒙古、江西、新疆、北京等 17 个省份明确将新型农村合作医疗制度和城镇居民基本医疗保险制度整合。

在城镇居民与农民的养老保险基金、医疗保险基金整合以后,实际上,我国的社会保险基金由 10 项减少至 8 项。

10.1　社会保险基金透明度调查方法

根据我国社会保险基金的现状,结合财政和社会保障部门的预决算报表体系,本项目组在《财政信息调查提纲》(见附录)中关于社会保险基金共调查了 22 个表,涉及 14 个评分项目。调查范围主要包括我国现行的 10 项社会保险基金,见表 10—2。

表 10—2　　关于社会保险基金的 21 张调查表

1	社决 01 表	社会保险基金资产负债表
2	社决 02 表	社会保险基金决算收支总表
3	社决 03 表	企业职工基本养老保险基金收支表
4	社决 04 表	城乡居民基本养老保险基金收支表
5	社决 05 表	机关事业单位基本养老保险基金收支表
6	社决 06 表	城镇职工基本医疗保险基金收支表
7	社决 07 表	城乡居民基本医疗保险基金收支表
8	社决 08 表	新型农村合作医疗基金收支表
9	社决 09 表	城镇居民基本医疗保险基金收支表
10	社决 10 表	工伤保险基金收支表
11	社决 11 表	失业保险基金收支表
12	社决 12 表	生育保险基金收支表
13	社决 13 表	社会保障基金财政专户资产负债表
14	社决 14 表	社会保障基金财政专户收支情况表
15	社决附 01 表	财政对社会保险基金补助资金情况表
16	社决附 02 表	基本养老保险补充资料表
17	社决附 03 表	城镇职工基本医疗保险、工伤保险、生育保险补充资料表
18	社决附 04 表	居民基本医疗保险补充资料表
19	社决附 05 表	失业保险补充资料表
20	社决附 06 表	其他养老保险情况表
21	社决附 07 表	其他医疗保障情况表
22	补充表	养老基金的长期收支预测

需要说明的是，发达国家普遍认为，社会保险基金透明度不仅包括基金财务收支，还应包括参保人员年龄、人均给付额等基本信息以及养老基金的长期收支预测等。因此，项目组的调查表中也包含对上述参保人员信息的披露要求。

在最后一项，我们还要求各省份提供养老保险基金的长期收支预测。养老保险基金不同于财政资金的一个重要特点是，养老保险基金是长期资金而财政资金是短期资金，这意味着：一方面，养老保险计划涉及社会公众的养老财务规划，不能朝令夕改，必须超前实施，让社会公众有时间来调整自己的退休规划；另一方面，养老金给付额巨大，一般要通过几十年的积累才能实现，如果政府不未雨绸缪，超前改革，到了老龄化高峰时，将无力承担这一庞大的支付。从这个角度来讲，养老保险基金的精算报告是实施养老金改革的前提条件，只要准确预测了养老保险基金的未来收支形势，才能进行切实有效的改革。美国联邦养老基金理事会 2018 年年报（the 2018 annual report of the board of trustees of the federal old-age and survivors insurance and federal disability insurance trust funds）共有 270 页，有 3/4 的篇幅是在作长期收支精算分析，主要分为未来 10 年和未来 75 年收支精算分析，可见收支精算报告的重要性。

10.2 社会保险基金透明度调查结果

在获得各省份的社会保险基金信息披露情况以后，根据事先设定的评分标准（详见本书第 3 章），我们对各省份的社会保险基金透明度进行了评分。

10.2.1 总体信息公开情况

如图 10—1 所示，2018 年 31 个省份社会保险基金透明度的平均百分制得分为 59.26 分，较上年的 49.11 分有明显提升。

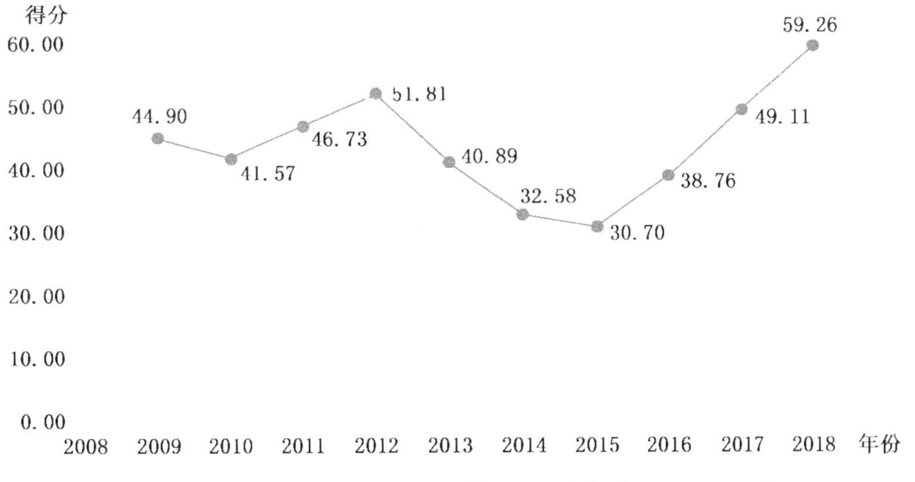

图 10—1　31 个省份社会保险基金透明度得分（2009—2018）

10.2.2 各信息项的信息公开情况

各信息项的信息公开情况详见表10—3。

表10—3　　　　省级社会保险基金各调查项目透明度情况(2017)

序号	项　目	完全公开信息的省份数	部分公开信息的省份数	没有公开信息的省份数	本项目平均百分制得分
1	各项社会保险基金的收支、结余总额	31	0	0	100.00
2	各项社会保险基金的收入类级科目	31	0	0	100.00
3	各项社会保险基金的收入款级科目	18	7	6	71.34
4	各项社会保险基金的支出类级科目	31	0	0	100.00
5	各项社会保险基金的支出款级科目	18	7	6	71.34
6	各项社会保险基金收支分级信息(类级科目)	3	28	0	60.65
7	各项社会保险基金的基本数字(类级科目)	17	5	9	61.75
8	各项社会保险基金资产的类级科目	20	1	10	66.13
9	各项社会保险基金资产的款级科目	20	1	10	66.13
10	各项社会保险基金资产的项级科目	0	0	31	0.00
11	各项社会保险基金负债的类级科目	20	1	10	66.13
12	各项社会保险基金负债的款级科目	20	1	10	66.13
13	各项社会保险基金负债的项级科目	0	0	31	0.00
14	养老基金的长期收支预测	0	0	31	0.00
平均百分制得分:59.26					

(1)最低要求

关于社会保险基金的收入、支出和结余指标,各省份都已经公布,可以在《中国劳动统计年鉴》《中国统计年鉴》等查询得到。

(2)基本要求

各个社会保险基金的预算收支表明细(类级科目):各省份都已经公布。

各个社会保险基金的预算收支表明细(款级科目):这部分调查涉及城镇职工、城镇居民和农村居民等人群各类社会保险基金的各种收支明细情况,平均得分为71.34分。河北、山西、内蒙古、辽宁、吉林、浙江、安徽、山东、河南、湖北、湖南、广东、海南、四川、西藏、陕西、甘肃、青海18个省份提供了全部信息;天津、黑龙江、上海、福建、广西、重庆、宁夏7个省份提供了部分调查信息;

北京、江苏、江西、贵州、云南、新疆 6 个省份没有提供任何信息。

各个社会保险基金收支分级信息(类级科目):这部分调查涉及各个社会保险基金在各层级政府之间的分布情况以及上解、下拨资金方面的信息。由于我国的社会保险基金尚未实现真正的省级统筹,许多社会保险基金仅建立了调剂金制度,资金大部分仍然沉淀在地级市和县级政府,因此,基金收支分级信息是非常重要的调查项。本调查项平均得分为 74.41 分。上海、广东、重庆 3 个省份提供了全部信息;其余 28 个省份提供了部分调查信息。

社会保险基金的其他信息(类级科目):这部分调查涉及各个社会保险基金的非财务信息,例如参保人数、领取养老金人员数量、平均缴费基数等信息,也非常重要。本调查项平均得分为 61.75 分。河北、山西、内蒙古、辽宁、吉林、浙江、安徽、山东、河南、湖北、湖南、广东、海南、四川、西藏、陕西、甘肃 17 个省份提供了全部调查信息;黑龙江、上海、福建、重庆、青海 5 个省份提供了部分调查信息;北京、天津、江苏、江西、广西、贵州、云南、宁夏、新疆 9 个省份没有提供任何信息。

各项基金资产负债信息(类级科目、款级科目):这部分调查涉及各个社会保险基金的资产(例如债券投资、协议存款等)和负债明细,关系到基金资产运用和保值增值,重要性不言而喻。本调查项平均得分为 66.13 分。河北、山西、内蒙古、辽宁、吉林、上海、浙江、安徽、福建、山东、河南、湖北、湖南、广东、海南、四川、西藏、陕西、甘肃、青海 20 个省份提供了全部调查信息;黑龙江提供了部分调查信息;北京、天津、江苏、江西、广西、重庆、贵州、云南、宁夏、新疆 10 个省份没有提供任何信息。

各项基金资产负债信息(项级科目):没有省份公布,各省份全部得零分。

(3)更高要求

这部分的评分要求提供养老基金的未来 50 年或 70 年收支精算报告。没有一个省份提供该项内容。

10.2.3 各省份的信息公开状况排名

根据调查结果,我们形成了 2018 年 31 个省份社会保险基金透明度得分及排名表(见表 10—4)。总的来看,有喜有忧,喜的是 2018 年总体得分增长明显,31 个省份的平均得分从上年的 49.11 分升为今年的 59.26 分;忧的是平均得分仍不及格,且各省份得分悬殊很大。根据表中的数据,我们大致可以把各省份分为三类:

第一类是得分较高的省份:广东、河北、内蒙古、辽宁、吉林、浙江、安徽、山东、河南、湖北、湖南、海南、四川、西藏、陕西、甘肃、青海、山西、上海 19 个省份得分均超过70分，分数较为接近。被扣分的项目主要是“养老基金的长期收支预测”“社会保险基金收支分级信息”，其他调查信息基本上都公布了。这也说明本项目组的评分标准较为宽松，很容易达到70分。值得称赞的是，广东省财政部门在基本的财政报表以外，还主动公布了包含所有地级市数据的5张表：“2016年广东省社会保险基金收入情况表”“2016年广东省社会保险支出情况表”“2016年广东省社会保险基金结余情况表”“2016年广东省社会保险职工参保情况表”“2016年广东省社会保险调剂金上缴完成情况表”。要着重指出的是，广东省在“2016年广东省社会保险基金结余情况表”中公布了省本级（调剂金）以及各地级市的养老保险统筹基金与个人账户基金的数据，这是非常重要的信息，因为我国长期以来个人账户基金被部分挪用给统筹基金使用，个人账户基金的实际余额很少公布。

第二类是公布少量信息，但得分不及格的省份（得分在30～59分）：福建、黑龙江、重庆、广西和宁夏5个省份公布了少量信息，但未能及格。

第三类是公布信息太少，得分较低的省份（得分低于30分）：按得分高低分别是天津、北京、江苏、江西、贵州、云南和新疆等7个省份。这些省份中不乏有经济实力非常强的省份，其政府效率也在国内排名前列，如此不重视社会保险基金信息公开，实在令人遗憾。

表10—4　　31个省份社会保险基金透明度得分及排名(2018)

排名	省份	百分制得分	排名	省份	百分制得分
1	广东	78.57	17	青海	75.17
2	河北	76.19	18	山西	73.81
2	内蒙古	76.19	19	上海	72.29
2	辽宁	76.19	20	福建	57.72
2	吉林	76.19	21	黑龙江	45.77
2	浙江	76.19	22	重庆	41.68
2	安徽	76.19	23	广西	38.28
2	山东	76.19	23	宁夏	38.28
2	河南	76.19	25	天津	27.29
2	湖北	76.19	26	北京	26.19
2	湖南	76.19	27	江苏	23.81
2	海南	76.19	27	江西	23.81

续表

排名	省份	百分制得分	排名	省份	百分制得分
2	四川	76.19	27	贵州	23.81
2	西藏	76.19	27	云南	23.81
2	陕西	76.19	27	新疆	23.81
2	甘肃	76.19			
31 个省份平均得分:59.26					

从总体上看,2018 年社会保险基金透明度得分提高,主要有两个原因:一是各省份财政和社会保险基金部门向本项目组提供的报表较往年有明显增加;二是社会保险基金预算和决算被要求提交各级人大审议批准。2015 年新实施的《预算法》提出,"预算包括一般公共预算、政府性基金预算、国有资本经营预算、社会保险基金预算。一般公共预算、政府性基金预算、国有资本经营预算、社会保险基金预算应当保持完整、独立。政府性基金预算、国有资本经营预算、社会保险基金预算应当与一般公共预算相衔接"。以前各省份预算中只列一般公共预算和政府性基金预算这"两本账",按照新《预算法》要求,2015 年初各省份"两会"时在预算报告中首次加列国有资本经营预算、社会保险基金预算这另外"两本账"。现在延续这一口径,在 2016 年的决算报告中也加入新增的"两本账"。不过,与一般公共预算相比,刚刚提交人大会议的社会保险基金预算在信息披露的规范性、详细程度等方面都要差不少。

10.2.4 本年度信息公开调查中发现的一些问题

第一,一些部门回复不认真。例如,某省份的财政厅回复本项目组,所有申请的表格在财政厅、国有资产监督管理委员会的网站上都已公布,可是我们查询以后并没有得到我们申请的信息,说明这个省份的财政厅在回复时极其不认真。

第二,信息公开存在一些自相矛盾之处。例如,某省财政厅以保密为由,拒绝提供社会保险基金方面的数据资料,但该省的财政年鉴公布了本项目组调查的所有表格。

第三,信息公开的部门未明确。各个省份对同一项信息的公开部门有所不同。例如,福建省人力资源和社会保障厅提出,社决 06 表、07 表、08 表、09 表、12 表、社决附 03 表、04 表、07 表均应由福建省医疗保险管理委员会办公室提供。

第四,一些信息不公开的理由不能令人信服。例如,某省财政厅援引《政府信息公开条例》第八条关于"行政机关公开政府信息,不得危及国家安全、公共安全、经济安全和社会稳定"等规定,认为该省企业养老保险基金收支缺口巨大,相关信息涉密,同时公开后可能引起社会对该省养老保险基金不可持续运行的关注和担忧,形成社会不稳定因素。因此,企业职工基本养老保险基金收支表、社会保险基金资产负债表、社会保险基金决算收支总表、社会保障基金财政专户资产负债表、社会保障财政专户收支情况表、财政对社会保险基金补助资金情况表、基本养老保险补充资料中涉及企业职工养老金的数据拟不对外提供。本项目组认为,社会保险基金形势严峻,应该尽快公布相关信息,寻求解决之道,而不是对信息进行保密,导致社会公众猜疑。

第五,数据发布缺乏标准化。一是信息发布的形式五花八门。有的省份叫"社会保险发展年度报告",有的省份叫"人力资源和社会保障事业发展统计公报",有的省份叫"社会保险信息披露"。二是好端端的决算表格胡乱删减,残缺不全。例如,基本养老保险基金收入的分类很清楚,但有的省份偏偏只留下基本养老保险费收入,把财政补贴、利息收入、转移收入等明细都删除了。

第六,各省份对养老保险的精算报告未予以足够的重视。我们在调研时发现,一些省份认为精算报告不重要或难以精确,没有测算的必要性。事实上,没有一个省份建立精算报告的定期发布机制。我们认为,建立精算报告制度是坚持精算平衡的载体,相当于建立了一个养老金预警制度。中共十八届三中全会对社会保障全面深化改革作了部署,并首次提出"坚持精算平衡原则"。坚持精算平衡原则的载体就是精算报告,而建立精算报告发布制度的本质就是建立一套养老金预警制度。郑秉文教授认为:首先,建立精算报告制度有利于社会稳定,意味着为全社会提供一个长期预期。人口老龄化并不可怕,它是生活水平质量提高和医疗技术进步的结果,是人类社会文明发展的表现。社会保障制度受到人口结构变化的挑战,这是人类社会自我挑战的必然,是制度创新的动力。其次,精算报告是定期透视制度底层运行的"胸片",有利于供给侧结构性改革。每年发布精算报告如同人们每年做一次体检,目的是为了探测各个"器官"的真实健康状况,决策部门据此可以及时作出参数调整和制定改革方案。[①]

① 中国社会科学院原所长郑秉文:《建立养老保险精算报告制度刻不容缓》,《中国经济时报》2018年3月14日,第A05版。

11 省级国有企业基金透明度评估

根据《中国财政年鉴(2017)》,我国的国有企业有 17.4 万家,所有者权益为 53.39 万亿元,其中,中央国有企业所有者权益为 22.30 万亿元,地方国有企业所有者权益为 31.09 万亿元(见表 11—1)。巨额国有资产的管理需要有公开透明的机制作为保障。

我国中央层面的国有资产信息公开已推进多年。2009 年,国务院国有资产监督管理委员会曾经进行过一次尝试,在那一年,国有资产监督管理委员会史无前例地公布了 118 家中央企业 2007 年和 2008 年两个年度的营业收入、利润、纳税以及资产总量四个目标,这也是国有资产监督管理委员会第一次向公众亮出了中央企业的家底。2013 年 11 月,中共十八届三中全会《中共中央关于全面深化改革若干重大问题的决定》要求“探索推进国有企业财务预算等重大信息公开”。2015 年 11 月 4 日,国务院出台《关于改革和完善国有资产管理体制的若干意见》(国发〔2015〕63 号),规定:完善国有资产和国有企业信息公开制度,设立统一的信息公开网络平台,在不涉及国家秘密和企业商业秘密的前提下,依法依规及时准确地披露国有资本整体运营情况、企业国有资产保值增值及经营业绩考核总体情况、国有资产监管制度和监督检查情况,以及国有企业公司治理和管理架构、财务状况、关联交易、企业负责人薪酬等信息,建设阳光国企。巨额国有资产的管理需要有公开透明的机制作为保障。2016

表 11－1　　全国国有企业所有者权益总额

年份	全国		中央		地方	
	汇编企业户数(万户)	所有者权益总额(亿元)	汇编企业户数(万户)	所有者权益总额(亿元)	汇编企业户数(万户)	所有者权益总额(亿元)
2006	11.6	98 014.4	2.1	54 998.0	9.6	43 016.4
2007	11.2	144 595.6	2.2	82 739.6	9.0	61 856.0
2008	11.0	166 210.8	2.2	92 023.9	8.8	74 186.9
2009	11.1	198 720.3	2.5	106 951.4	8.6	91 768.9
2010	11.4	234 171.1	2.6	122 465.0	8.7	111 706.1
2011	13.6	272 991.0	4.1	136 996.5	9.4	135 994.5
2012	14.7	319 754.7	4.8	151 309.6	9.9	168 445.1
2013	15.5	369 972.8	5.2	166 097.8	10.4	203 875.0
2014	16.1	418 759.1	5.4	185 050.2	10.6	233 708.9
2015	16.7	482 414.4	5.6	206 807.0	11.1	275 607.4
2016	17.4	533 926.6	5.7	223 042.3	11.6	310 884.3

资料来源:《中国财政年鉴(2017)》。

年 6 月 24 日,国务院国有资产监督管理委员会公布《2016 年政务公开工作要点》,提出要指导中央企业做好信息公开。按照国企国资改革总体要求,研究制定推动中央企业信息公开的指导意见,指导推动中央企业依法依规做好中央企业改革重组、公司治理及管理架构、财务状况、重要人事变动、企业负责人薪酬等信息发布工作。

与此同时,地方政府也在国有资产信息公开方面作了一些尝试。2008 年,深圳市国有资产监督管理委员会就要求直管企业实行年报公开。这也是我国首个进行相关尝试的国有资产管理部门。2014 年 11 月,深圳市研究出台了《深圳市市属国有企业年报公开工作指引》,以正式文件的形式对国有企业年报公开的具体问题进行了明确,信息披露的内容比照上市公司规定。2014 年 7 月,石家庄市政府出台了《国有企业财务预算等重大信息公开暂行办法》。同年 12 月,山西省人民政府发布了《山西省省属国有企业财务等重大信息公开办法(试行)》。2015 年 3 月份,山东省国有资产监督管理委员会、财政厅联合下发了《山东省省管企业财务等重大信息公开暂行规定》,着力提升省管企业透明度和公信度,对企业依法依规经营、保护投资者合法权益、保障企业职工参与管理、促进资源共享等具有十分重要的意义。这些有益的做法,推动了国有资产信息公开的进程。

2017年底，习近平总书记主持召开十九届中央全面深化改革领导小组第一次会议，会议审议通过了《关于建立国务院向全国人大常委会报告国有资产管理情况的制度的意见》。该意见规定，全国人大常委会应按照监督法等法律规定，及时将国有资产管理情况报告及审议意见、国务院对审议意见研究处理情况或者执行决议情况的报告，向全国人大代表通报并向社会公布(保密法律法规规定不宜公开的内容除外)。这有利于进一步推进国有资产的信息公开和社会监督。为了贯彻落实好这项改革举措，全国人大坚持党中央的集中统一领导，紧紧围绕党和国家工作大局，全面贯彻党的路线方针政策和党中央有关国有资产的重大决策部署。全国人大常委会明确，各省、自治区、直辖市2018年都要建立报告制度，全国地市一级2018年也要争取建立报告制度，2019年扩大到有条件的县级政府，2020年要实现全国所有县级以上政府全覆盖。2018年5月7日至8日，全国人大财经委、全国人大常委会预算工委、财政部在河北石家庄召开建立政府向本级人大常委会报告国有资产管理情况制度座谈会，交流经验，部署工作，全面推进建立和实施国有资产管理情况报告制度。2018年以来，部分地方已先行先试，积极探索，建章立制，开展了人大听取和审议政府关于国有资产管理情况报告的实践，加强了人大对国有资产管理情况的监督，取得了良好经验，为国有资产全口径监督制度筑牢了基础。

目前，国有企业财务预算的公开还面临很多障碍和困难，比如如何在财务预算公开的同时保护国有企业的商业秘密，如何协调国有企业财务预算公开与上市国有企业财务报表公开的关系，公开后社会公众如何行使监督权等问题。

11.1 国有企业基金透明度调查方法

为了调查省级国有企业基金透明度的现状与问题，项目组对省级国有企业基金透明度的评估包括以下内容(见表11—2)：

- 本级政府国有企业的总量6项指标(国有企业的收入、费用、利润总额、资产、负债及所有者权益总额)。

- 本级政府国有企业的总量四张表(资产负债表、利润表、现金流量表、所有者权益变动表)。

- 本级政府直属企业按户列示的8项指标(资产总额、负债总额、所有者权益总额、国有资本及权益总额、营业总收入、利润总额、净利润总额、归属母公司所有者权益的净利润)。

● 本级政府直属企业是否按照国内上市公司的信息披露要求公布企业运营状况。参照《上市公司信息披露管理办法》(中国证券监督管理委员会令第40号)的要求,对省级和省级以下政府(或各级国有资产监督管理委员会)直属企业的信息披露情况进行调查。

表 11－2　　省级国有企业基金信息公开调查的信息项与评分权重

类别	信息项	权重
最低要求	国有企业的收入、费用和利润总额	1
	国有企业的资产、负债及所有者权益总额	1
基本要求	国有企业资产负债表	1
	国有企业利润表	1
	国有企业现金流量表	1
	国有企业所有者权益变动表	1
	政府直属企业主要指标表	1
理想目标	政府直属企业达到与国内上市公司同等信息披露要求	1

注:①政府直属企业主要指标表是指政府直属企业按户公布的 8 项指标,即资产总额、负债总额、所有者权益总额、国有资本及权益总额、营业总收入、利润总额、净利润总额、归属母公司所有者权益的净利润。②政府直属企业达到与国内上市公司同等信息披露要求是指省级政府出资成立的企业的信息公开要求与沪深证券交易所对上市公司信息披露要求完全一致。

11.2　国有企业基金透明度调查结果

在获得各省份的国有企业基金信息公开情况以后,根据事先设定的评分标准(详见本书第 3 章),我们对各省份的国有企业基金透明度进行了打分。

11.2.1　总体信息公开情况

如图 11－1 所示,2018 年 31 个省份的平均百分制得分为 57.94 分,较上年的 57.78 分有微小的进步。

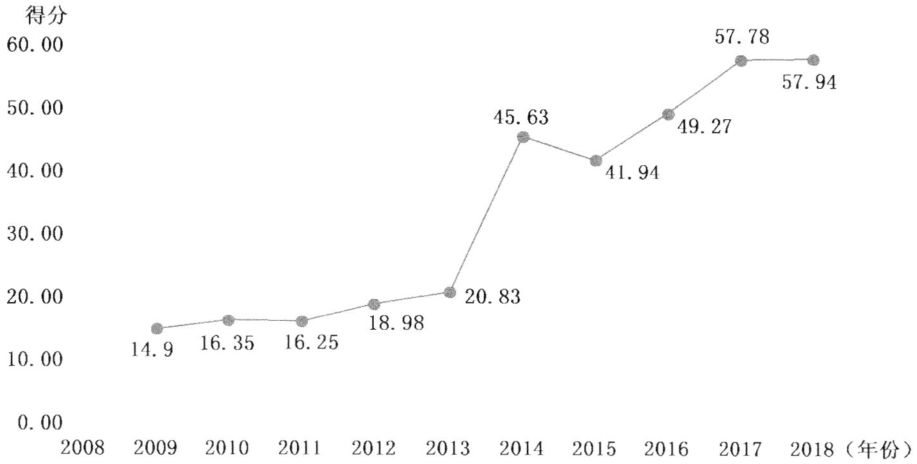

图 11—1　31 个省份国有企业基金透明度得分(2009—2018)

11.2.2　各信息项的信息公开情况

各信息项信息公开的具体情况如表 11—3 所示。

(1)国有企业的总量指标

国有企业的收入、费用、利润总额、资产、负债及所有者权益总额这 6 项总量指标可以在历年的《中国国有资产监督管理年鉴》上查到。因此,各省份均得满分。

(2)国有企业资产负债表、利润表、现金流量表和所有者权益变动表

这部分信息公开情况相对较好。天津、河北、山西、内蒙古、吉林、黑龙江、上海、安徽、福建、山东、河南、湖北、湖南、广东、广西、海南、重庆、四川 18 个省份公开了这 3 张表格。北京只公开了国有企业资产负债表、利润表和现金流量表,没有所有者权益变动表。宁夏只公开了国有企业资产负债表、利润表和所有者权益变动表,没有现金流量表。此外,北京和宁夏虽然提供了表格,但表格分类太粗。其余 11 个省份则没有公开这 4 张表格。

(3)政府直属企业按户公布的 8 项指标

这一调查项的得分情况较差,平均百分制得分为 20.65 分。山西、上海、山东、湖北、广东、海南 6 个省份公开了这项信息,内蒙古公布了部分信息,其余 24 个省份未公布这项信息。

(4)政府直属企业达到与国内上市公司同等信息披露要求

目前没有一个省份达到这一要求,均得零分。

表 11—3　　省级国有企业基金信息各调查项目透明度情况(2018)

调查项	完全公开信息的省份数	部分公开信息的省份数	没有公开信息的省份数	本项目平均百分制得分
国有企业的收入、费用和利润总额	31	0	0	100.00
国有企业的资产、负债及所有者权益总额	31	0	0	100.00
国有企业资产负债表	18	2	11	61.61
国有企业利润表	18	2	11	61.61
国有企业现金流量表	18	1	12	60.00
国有企业所有者权益变动表	18	1	12	59.68
政府直属企业按户公布的 8 项指标	6	1	24	20.65
政府直属企业达到与国内上市公司同等信息披露要求	0	0	31	0.00
平均百分制得分:57.94				

11.2.3　各省份的信息公开状况排名

根据调查结果,项目组形成了 2018 年 31 个省份国有企业基金透明度得分及排名表(参见表 11—4)。表 11—4 提供的数据信息呈现出如下两大特征:

第一,总体情况尚可,有 18 个省份及格,但平均分仍然不及格,反映了部分省份做得较差,拖了平均分的后腿。

第二,透明度高的省份与透明低的省份形成极大的反差,呈现"两头大、中间小"的格局。有 18 个省份达到 75 分或超过 75 分;同时,有 11 个省份得分仅为 25 分,这些省份除了公布国有企业的收入、费用、利润总额、资产、负债及所有者权益总额 6 项总体信息外,再无其他信息公开了。

表 11—4　　31 个省份国有企业基金透明度得分及排名(2018)

排名	省份	百分制得分	排名	省份	百分制得分
1	山西	87.50	19	北京	47.50
1	上海	87.50	20	宁夏	43.75
1	山东	87.50	21	辽宁	25.00
1	湖北	87.50	21	江苏	25.00
1	广东	87.50	21	浙江	25.00
1	海南	87.50	21	江西	25.00

续表

排名	省份	百分制得分	排名	省份	百分制得分
7	内蒙古	80.00	21	贵州	25.00
8	天津	75.00	21	云南	25.00
8	河北	75.00	21	西藏	25.00
8	吉林	75.00	21	陕西	25.00
8	黑龙江	75.00	21	甘肃	25.00
8	安徽	75.00	21	青海	25.00
8	福建	75.00	21	新疆	25.00
8	河南	75.00			
8	湖南	75.00			
8	广西	75.00			
8	重庆	75.00			
8	四川	75.00			
31个省份平均得分:57.94					

图11—2显示,与2017年相比,江苏、辽宁、云南、甘肃、宁夏5个省份的得分出现大幅下降,主要原因是这些国资国企信息在以往年度被该省份工作人员认定为是可以公开的,而在本年度却认为不能公开。与此同时,山西、湖北、海南、吉林、河北和广东等的得分出现较大幅度的上升,弥补了其他省份得分下降,结果导致今年31个省份总分基本没有变动。

11.2.4 本年度信息公开调查中发现的问题

相关部门不愿公开国资国企信息的理由很多,亟待立法规范。拒绝信息公开的理由有:

对于“本级政府直属国有企业”财务指标,多个省份财政部门、国资部门提出,由于涉及相关企业商业机密,因而不予公开。

某省国有资产监督和管理委员会提出:“我省国有资本经营预决算工作的主管部门是省财政厅,我委和其他有关厅局一样属于预算执行单位。我委只有我委出资监管企业的资料,我委出资监管企业和其他省属企业的资料都在省财政厅。故建议贵组向我省财政厅申请获取相关资料。”

某省国有资产监督和管理委员会提出:“国资委是代表政府改造出资人职

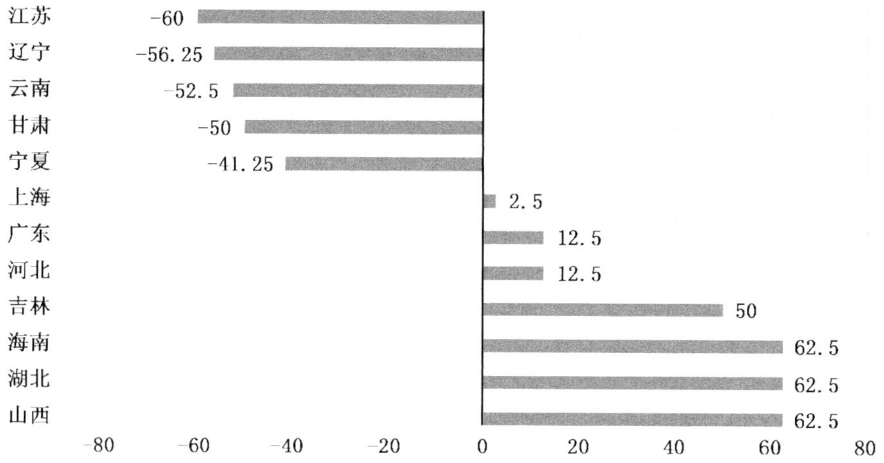

说明：图中数值为2018年得分减去2017年得分。正分表示得分增加，负分表示得分减少。没有出现在本图的省份，2017年和2018年得分无变动。

图11－2　各省份国有企业基金透明度得分变化情况（2017—2018）

责，享有出资人权益的直属特设机构，不具有社会公共管理职能，与对社会各类企业进行公共管理的政府行政机构有着本质的区别，具有特殊性质。因此在履行出资人职责过程中制作和获取的有关国家出资企业的营业额、利润情况、纳税情况等信息，属于我委作为出资人应知悉的国资监管信息或商业信息，不等同于《政府信息公开条例》中规定的政府信息。因此，建议今后涉及单个企业的相关信息不再向我委申请公开。”

某省财政厅提出：“按照省政府部门分工，国有资产相关信息建议向我省国资委提出政府信息公开申请。”然而，该省国有资产监督和管理委员会的答复是：只掌握国有资产监督和管理委员会直属的企业情况，不掌握本省省属的所有企业情况，其提供的报表是不全面的。

因此，我们认为，国有资产信息公开需要有明确的立法规范，明确公开的范围、公开的期限、公开的责任部门，才能使信息公开质量不断提升。

12 省级财政透明度调查的态度评估

公民、法人与其他组织有要求政府部门公开政府信息的权利。《政府信息公开条例》第十三条规定："除本条例第九条、第十条、第十一条、第十二条规定的行政机关主动公开的政府信息外，公民、法人或者其他组织还可以根据自身生产、生活、科研等特殊需要，向国务院部门、地方各级人民政府及县级以上地方人民政府部门申请获取相关政府信息。"与之相应，政府部门有向公民公开信息的义务。《政府信息公开条例》第二十四条明确规定："行政机关收到政府信息公开申请，能够当场答复的，应当当场予以答复。行政机关不能当场答复的，应当自收到申请之日起 15 个工作日内予以答复；如需延长答复期限的，应当经政府信息公开工作机构负责人同意，并告知申请人，延长答复的期限最长不得超过 15 个工作日。申请公开的政府信息涉及第三方权益的，行政机关征求第三方意见所需时间不计算在本条第二款规定的期限内。"鉴于《政府信息公开条例》对政府部门回复政府信息公开申请作出了制度性的规定，项目组根据信息公开申请的回复情况，评估了省级政府财政透明度态度的得分情况。

12.1 财政透明度调查态度得分的总体情况

省级财政透明度调查态度指标的总分设定为 100 分，为财政厅(局)、人力资源和社会保障厅(局)、国有资产监督管理委员会、政府信息公开办公室的回复情况得分和部门预算信息公开申请回复情况得分的平均数。在财政信息公开申请过程中,项目组向财政部门和政府信息公开办公室发出了调查一般公共预算基金、政府性基金、国有资本经营预算基金、社会保险基金和财政专户管理资金等"全口径预算"信息公开的申请;向人力资源和社会保障部门提交了社会保险基金信息的公开申请;向国有资产监督管理委员会提交了国有企业基金信息的公开申请;向省级人民政府办公厅等11个省级行政部门提交了部门财务收支的部门预算及相关信息的公开申请。评分的基本依据是被调查部门是否对项目组的申请作出了正式回复、在怎样的程度上作出了回复。如果被调查部门以电话、电子邮件或信件等方式作出回复,则无论被调查部门是否按项目组提交的申请要求作出回复,都能得分。表12—1是31个省份政府财政透明度态度的得分及排名情况。

表12—1　　31个省份财政透明度调查的态度得分及排名(2018)

排名	省份	百分制得分	排名	省份	百分制得分
1	黑龙江	100.00	16	吉林	81.80
1	山东	100.00	16	江西	81.80
3	安徽	90.90	16	内蒙古	81.80
3	福建	90.90	16	上海	81.80
3	广东	90.90	21	甘肃	77.25
3	广西	90.90	21	湖南	77.25
3	贵州	90.90	21	辽宁	77.25
3	江苏	90.90	21	青海	77.25
3	陕西	90.90	21	四川	77.25
10	北京	86.35	21	天津	77.25
10	河南	86.35	21	云南	77.25
10	湖北	86.35	21	浙江	77.25
10	宁夏	86.35	21	海南	72.75
10	山西	86.35	30	新疆	68.20
10	重庆	86.35	31	西藏	63.65
16	河北	81.80			
31个省份平均得分:83.42					

表 12—1 所给出的数据表明:2018 年省级政府财政透明度态度的评估得分整体上较为理想。31 个省份的平均得分为 83.42 分,比上年得分(77.3 分)有所提升。所有省份的态度得分都在及格线以上。其中,黑龙江与山东两个省份态度得分达到 100 分;安徽、福建、广东、广西、贵州、江苏、陕西 7 个省份的态度得分在 90 分以上;北京、河南等 11 个省份的态度得分在 80 分以上;甘肃、湖南等 9 个省份的态度得分在 70 分以上;新疆与西藏这两个省份的态度得分在 60 分以上。

12.2　一般信息公开申请回复情况及态度评估

根据省级财政透明度调查态度得分评分标准,在财政厅(局)、人力资源和社会保障厅(局)、国有资产监督管理委员会和政府信息公开办公室 4 个部门中:

● 如果有两个或两个以上的部门对本项目组的政府信息公开申请予以回复,则该省份财政透明度的态度评估就得 100 分;

● 如果只有一个部门对本项目组的政府信息公开申请予以回复,则该省份财政透明度的态度评估就得 50 分;

● 如果没有任何一个部门对本项目组的政府信息公开申请予以回复,则该省份财政透明度的态度评估就得零分。

基于这一评分标准以及一般信息公开申请的答复情况,我们就一般信息公开申请的态度进行了评估。表 12—2 是信息公开申请的答复情况及相应的态度评分结果。从表 12—2 所给出的数据可知,每个省份各有两个或两个以上部门对本项目组的政府信息公开申请给予了回复,各省份财政透明度态度的评分高达 100 分。这说明各省份的态度较为良好。

表 12—2　　一般信息公开申请的回复情况及评估

省份	部门	电话回复	邮件回复	信函传真回复	百分制得分
北京	财政局	✓		✓	100
	国有资产监督管理委员会			✓	
	人力资源和社会保障局			✓	
	政府信息公开办公室			✓	

续表

省份	部门	电话回复	邮件回复	信函传真回复	百分制得分
天津	财政局		√	√	100
	国有资产监督管理委员会				
	人力资源和社会保障局			√	
	政府信息公开办公室			√	
河北	财政厅	√	√	√	100
	国有资产监督管理委员会			√	
	人力资源和社会保障厅			√	
	政府信息公开办公室		√	√	
山西	财政厅		√	√	100
	国有资产监督管理委员会				
	人力资源和社会保障厅				
	政府信息公开办公室	√			
内蒙古	财政厅			√	100
	国有资产监督管理委员会	√			
	人力资源和社会保障厅	√	√		
	政府信息公开办公室	√			
辽宁	财政厅			√	100
	国有资产监督管理委员会				
	人力资源和社会保障厅	√			
	政府信息公开办公室		√		
吉林	财政厅	√		√	100
	国有资产监督管理委员会				
	人力资源和社会保障厅			√	
	政府信息公开办公室	√		√	
黑龙江	财政厅	√		√	100
	国有资产监督管理委员会	√	√		
	人力资源和社会保障厅	√		√	
	政府信息公开办公室	√	√	√	

续表

省份	部门	电话回复	邮件回复	信函传真回复	百分制得分
上海	财政局			√	100
	国有资产监督管理委员会			√	
	人力资源和社会保障局			√	
	政府信息公开办公室	√			
江苏	财政厅	√	√		100
	国有资产监督管理委员会	√	√		
	人力资源和社会保障厅			√	
	政府信息公开办公室			√	
浙江	财政厅	√		√	100
	国有资产监督管理委员会	√	√		
	人力资源和社会保障厅			√	
	政府信息公开办公室			√	
安徽	财政厅	√	√		100
	国有资产监督管理委员会	√		√	
	人力资源和社会保障厅	√			
	政府信息公开办公室	√	√		
福建	财政厅		√		100
	国有资产监督管理委员会			√	
	人力资源和社会保障厅	√		√	
	政府信息公开办公室			√	
江西	财政厅	√		√	100
	国有资产监督管理委员会	√	√		
	人力资源和社会保障厅				
	政府信息公开办公室			√	
山东	财政厅	√		√	100
	国有资产监督管理委员会	√	√		
	人力资源和社会保障厅				
	政府信息公开办公室	√		√	

续表

省份	部门	电话回复	邮件回复	信函传真回复	百分制得分
河南	财政厅	√	√	√	100
	国有资产监督管理委员会			√	
	人力资源和社会保障厅				
	政府信息公开办公室			√	
湖北	财政厅	√	√	√	100
	国有资产监督管理委员会		√		
	人力资源和社会保障厅				
	政府信息公开办公室			√	
湖南	财政厅	√	√	√	100
	国有资产监督管理委员会	√	√		
	人力资源和社会保障厅			√	
	政府信息公开办公室			√	
广东	财政厅	√	√	√	100
	国有资产监督管理委员会	√		√	
	人力资源和社会保障厅			√	
	政府信息公开办公室			√	
广西	财政厅	√		√	100
	国有资产监督管理委员会	√	√	√	
	人力资源和社会保障厅	√			
	政府信息公开办公室			√	
海南	财政厅	√	√		100
	国有资产监督管理委员会	√	√		
	人力资源和社会保障厅				
	政府信息公开办公室			√	
重庆	财政局	√	√	√	100
	国有资产监督管理委员会				
	人力资源和社会保障局			√	
	政府信息公开办公室				

续表

省份	部门	电话回复	邮件回复	信函传真回复	百分制得分
四川	财政厅	√		√	100
	国有资产监督管理委员会	√		√	
	人力资源和社会保障厅	√		√	
	政府信息公开办公室			√	
贵州	财政厅	√	√		100
	国有资产监督管理委员会				
	人力资源和社会保障厅	√		√	
	政府信息公开办公室	√	√		
云南	财政厅	√	√	√	100
	国有资产监督管理委员会	√			
	人力资源和社会保障厅	√	√	√	
	政府信息公开办公室	√			
西藏	财政厅	√	√		0
	国有资产监督管理委员会				
	人力资源和社会保障厅				
	政府信息公开办公室	√		√	
陕西	财政厅	√	√		100
	国有资产监督管理委员会				
	人力资源和社会保障厅	√	√	√	
	政府信息公开办公室			√	
甘肃	财政厅	√	√		100
	国有资产监督管理委员会		√		
	人力资源和社会保障厅				
	政府信息公开办公室	√		√	
青海	财政厅	√		√	100
	国有资产监督管理委员会				
	人力资源和社会保障厅	√	√		
	政府信息公开办公室			√	

续表

省份	部门	电话回复	邮件回复	信函传真回复	百分制得分
宁夏	财政厅	√	√		100
	国有资产监督管理委员会	√		√	
	人力资源和社会保障厅				
	政府信息公开办公室			√	
新疆	财政厅				100
	国有资产监督管理委员会	√	√		
	人力资源和社会保障厅				
	政府信息公开办公室			√	

当然，值得强调的是，尽管各省份的态度评分均很高，但根据项目组的评分标准，一个省份的态度得分为100分，并不意味着4个部门都要对信息公开申请给予答复，而只需要两个部门给予答复就够了，这样其实掩盖了一些问题:有部门没有给予答复，该省份的态度得分依旧是满分。从表12—2的数据来看，其实有21个部门是没有答复的。按照此标准，所有部门的态度评分其实只是83.1分(＝103/124×100)。在未给予答复的21个部门中，绝大部分是人力资源和社会保障厅(局)和国有资产监督管理委员会，分别有10个和9个，所占比重高达47.6%和42.9%。财政厅(局)、政府信息公开办公室未给予答复的各有1个(见表12—3)。这表明财政厅(局)与政府信息公开办公室的法制意识相对较强，能按照《政府信息公开条例》及时处理政府信息公开申请，而人力资源和社会保障厅(局)以及国有资产监督管理委员会的法制意识则较为薄弱，未能对政府信息公开作出及时处理。当然，及时回复项目组的财政信息公开申请并不表示该省份的财政资金信息披露情况较好，一些部门的回复只是告知项目组已经收到了政府信息公开申请而没有提供财政资金的实质性信息。

表12—3　　　　未回复本项目组财政信息公开申请的部门和省份

部　门	未回复的省份
财政厅(局)	1个省份(新疆)
国有资产监督管理委员会	9个省份(天津、山西、辽宁、吉林、重庆、贵州、西藏、陕西、青海)

续表

部　门	未回复的省份
人力资源和社会保障厅(局)	10 个省份(山西、江西、山东、河南、湖北、海南、西藏、甘肃、宁夏、新疆)
政府信息公开办公室	1 个省份(重庆)

12.3　部门预算信息公开申请回复情况及评估

从表 12—4 可知,在 2018 年 341 个省级行政部门的财政透明度调查中,有 228 个部门对项目组的政府信息公开申请作出了回应,并就是否公开相关信息给予明确的答复,平均得分为 66.8 分。就行政部门政府信息公开申请回复情况而言:

黑龙江和山东 2 个省份的回复情况最好,所申请的 11 个部门全部对信息公开申请给予了回复。

安徽、福建、广东、广西、贵州、江苏与陕西这 7 个省份的回复情况次之,各有 9 个部门回复了项目组的财政信息公开申请。

北京、河南、湖北、宁夏、山西与重庆这 6 个省份的回复情况再其次,它们各有 8 个部门处理了项目组的财政信息公开申请。

河北、吉林、江西、内蒙古与上海这 5 个省份各有 7 个部门处理了项目组的财政信息公开申请并进行回复。

甘肃、湖南、辽宁、青海、四川、天津、云南与浙江这 8 个省份各有 6 个部门处理了项目组的财政信息公开申请。

海南有 5 个部门处理了项目组的财政信息公开申请。

新疆有 4 个部门处理了项目组的财政信息公开申请。

西藏有 3 个部门处理了项目组的财政信息公开申请。

值得注意的是,一些省份对项目组财政信息公开申请作出回复的部门数虽然相同,但行政部门提供的信息质量差异导致了最终得分的差异。

表 12—4　　部门预算信息公开申请回复情况及评估

省份	政府	人大	政协	教育	财政	国税	地税	工商	卫生	交通	环保	小计	得分
安徽	√			√	√	√	√	√	√	√	√	9	81.8
北京		√			√	√	√	√	√	√	√	8	72.7

续表

省份	政府	人大	政协	教育	财政	国税	地税	工商	卫生	交通	环保	小计	得分
福建	√			√	√	√	√	√	√	√	√	9	81.8
甘肃	√				√	√	√			√	√	6	54.5
广东		√		√	√	√	√	√	√	√	√	9	81.8
广西	√			√	√	√	√	√	√	√	√	9	81.8
贵州	√			√	√	√	√	√	√	√	√	9	81.8
海南						√	√	√		√	√	5	45.5
河北	√				√	√	√		√	√	√	7	63.6
河南	√				√	√	√	√	√	√	√	8	72.7
黑龙江	√	√	√	√	√	√	√	√	√	√	√	11	100
湖北	√	√		√	√	√	√			√	√	8	72.7
湖南	√			√	√			√	√	√		6	54.5
吉林				√	√	√	√	√		√	√	7	63.6
江苏	√	√		√	√		√	√	√	√	√	9	81.8
江西	√			√	√	√		√	√		√	7	63.6
辽宁	√			√	√		√	√	√			6	54.5
内蒙古	√				√	√	√	√	√	√		7	63.6
宁夏	√			√	√	√		√	√	√	√	8	72.7
青海				√	√	√	√		√	√		6	54.5
山东	√	√	√	√	√	√	√	√	√	√	√	11	100
山西	√				√	√	√	√	√	√	√	8	72.7
陕西	√			√	√	√	√	√	√	√	√	9	81.8
上海	√			√	√	√	√	√			√	7	63.6
四川				√	√			√	√	√	√	6	54.5
天津				√	√		√	√	√		√	6	54.5
西藏	√				√	√						3	27.3
新疆				√					√	√	√	4	36.4
云南	√				√		√	√	√		√	6	54.5

续表

省份	政府	人大	政协	教育	财政	国税	地税	工商	卫生	交通	环保	小计	得分
浙江	√			√	√			√	√		√	6	54.5
重庆	√			√	√	√		√	√	√	√	8	72.7
小计	23	6	2	22	29	23	23	25	25	24	26	228	66.8

就行政部门政府信息公开申请回复情况的部门结构而言，财政、环保、工商、与卫生等部门的回复情况较好，80%以上的省份以电话或电子邮件或信件传真的方式回复了财政信息公开申请；交通、政府办公厅和国税、地税的回复情况其次；人大办公厅和政协办公厅的回复情况最差。具体来说，在31个省份中，分别有29个省级财政部门、26个省级环保部门、25个工商部门、25个卫生部门、24个交通部门、23个省级政府办公厅、23个国税部门、23个地税部门以及22个教育部门对项目组的申请作出了回复。与政府职能部门回复情况相对应，人大办公厅和政协办公厅的回复情况非常糟糕，对项目组政府信息公开申请作出回复的只有北京市人大办公厅、广东省人大办公厅、黑龙江省人大办公厅、湖北省人大办公厅、江苏省人大办公厅、山东省人大办公厅和黑龙江省政协办公厅、山东省政协办公厅这8个部门。造成人大办公厅和政协办公厅的回复情况比政府职能部门差的主要原因在于《政府信息公开条例》的法律地位低，在一些预算单位的观念中，《政府信息公开条例》的作用范围局限于人民政府的职能部门，党的有关部门、人大办公厅、政协办公厅、法院、检察院、民主党派和人民团体并不在《政府信息公开条例》的适用范围内。

附　录

申请公开的信息目录Ⅰ

我们申请公开贵省(自治区、直辖市)2016 年度决算的下列各表所包含的信息。

编号	表号	表名	分类
1	决算 01 表	一般公共预算收支决算总表	一般公共预算
2	决算 04 表	一般公共预算收入决算明细表	
3	决算 05 表	一般公共预算支出决算功能分类明细表	
4	决算 07 表	一般公共预算收支决算分级表	
5	决算 09 表	一般公共预算收支及平衡情况表	
6	决算 10 表	政府性基金收支决算总表	政府性基金决算
7	决算 13 表	政府性基金收支及结余情况表	
8	决算 14 表	政府性基金收支决算分级表	
9	决算 15 表	政府性基金收支及平衡情况表	

续表

编号	表号	表名	分类
10	决算 16 表	国有资本经营收支决算总表	国有资本经营决算
11	决算 17 表	国有资本经营收支决算明细表	
12	决算 18 表	国有资本经营收支决算分级表	
13	决算 19 表	国有资本经营收支及平衡情况表	
14	决算 20 表	社会保险基金收支决算表	补充资料
15	决算 21 表	预算资金年终资产负债表	
16	决算 23 表	基本数字表	
17	补充 01 表	财政专户管理资金收支总表	财政专户管理资金
18	补充 02 表	财政专户管理资金收入明细表	
19	补充 03 表	财政专户管理资金支出功能分类明细表	
20	补充 04 表	财政专户管理资金收支分级表	
21	补充 05 表	财政专户管理资金收支及平衡情况表	
22	补充 06 表	财政专户管理资金年终资产负债表	
23	补充 07 表	一般公共预算支出经济分类明细表	决算支出经济分类明细
24	补充 08 表	政府性基金支出经济分类明细表	
25	补充 09 表	国有资本经营预算支出经济分类明细表	
26	补充 10 表	财政专户管理资金支出经济分类明细表	
27	补充 11 表	一般公共预算支出部门分类明细表	
28	补充 12 表	本级政府国有企业资产负债表	国有资产情况
29	补充 13 表	本级政府国有企业利润表	
30	补充 14 表	本级政府国有企业现金流量表	
31	补充 15 表	本级政府国有企业所有者权益变动表	
32	补充 16 表	省(直辖市、自治区)政府直属企业主要指标表	
33	社决 01 表	社会保险基金资产负债表	社会保险基金
34	社决 02 表	社会保险基金决算收支总表	
35	社决 03 表	企业职工基本养老保险基金收支表	
36	社决 04 表	城乡居民基本养老保险基金收支表	

续表

编号	表号	表名	分类
37	社决 05 表	机关事业单位基本养老保险基金收支表	社会保险基金
38	社决 06 表	城镇职工基本医疗保险基金收支表	
39	社决 07 表	城乡居民基本医疗保险基金收支表	
40	社决 08 表	新型农村合作医疗基金收支表	
41	社决 09 表	城镇居民基本医疗保险基金收支表	
42	社决 10 表	工伤保险基金收支表	
43	社决 11 表	失业保险基金收支表	
44	社决 12 表	生育保险基金收支表	
45	社决 13 表	社会保障基金财政专户资产负债表	
46	社决 14 表	社会保障基金财政专户收支表	
47	社决附 01 表	财政对社会保险基金补助资金情况表	
48	社决附 02 表	基本养老保险补充资料表	
49	社决附 03 表	城镇职工基本医疗保险、工伤保险、生育保险补充资料表	
50	社决附 04 表	居民基本医疗保险补充资料表	
51	社决附 05 表	失业保险补充资料表	
52	社决附 06 表	其他养老保险情况表	
53	社决附 07 表	其他医疗保障情况表	

说明：

(1)编号 1—16 的决算 01—23 表请按财政部统一制定的《2016 年度财政总决算报表》格式和要求填报。

(2)编号 17—32 的补充 01—16 表请按所提供的样表要求填报，样表可在以下网址下载或来函索取：http://spea.shufe.edu.cn/2e/6e/c4517a77422/page.htm，样表 1。

(3)编号 33—53 的社决 01—14 表以及社决附 01—07 表按财政部、人力资源和社会保障部以及卫生和计划委员会统一规定并要求编报的《2016 年度社会保险基金决算》报表和要求填报。

申请公开的信息目录Ⅱ

我们申请公开贵部门2016年度决算的下列报表所包含的信息。

编号	表　号	表格名称
1	财决01表	收入支出决算总表
2	财决04表	支出决算表
3	财决05表	支出决算明细表
4	财决05—1表	基本支出决算明细表
5	财决05—2表	项目支出决算明细表
6	财决12表	资产负债简表
7	财决附01表	资产情况表
8	财决附03表	基本数字表
9	财决附04表	机构人员情况表
10	补充表	各项目支出按经济分类的决算明细表

说明：

(1)表中编号1—9的财决01—12表以及财决附01—04表请按财政部统一制定并下发的《2016年度部门决算报表编制手册》的要求填报。

(2)编号10为补充表，请按所提供的样表和会计要求填报。样表可在以下网址下载或来函索取：http://spea.shufe.edu.cn/2e/6e/c4517a77422/page.htm，样表2。

(3)信息公开申请反馈表在本表的背面，该样表同样可以在上述网址下载，反馈表2。

样表1　　部门各项目支出按经济分类的决算明细表

编制单位：　　　　　　　　　　　　　　　　　　　　　　　　金额单位：

项目名称与编号			项目1	项目2	项目3	……
合　计		1				
工资福利支出	小计	2				
	基本工资	3				
	津贴补贴	4				
	奖金	5				
	社会保障缴费	6				
	伙食费	7				
	伙食补助费	8				
	绩效工资	9				
	其他工资福利支出	10				
商品和服务支出	小计	11				
	办公费	12				
	印刷费	13				
	咨询费	14				
	手续费	15				
	水费	16				
	电费	17				
	邮电费	18				
	取暖费	19				
	物业管理费	20				
	差旅费	21				
	因公出国(境)费用	22				
	维修(护)费	23				
	租赁费	24				
	会议费	25				
	培训费	26				
	公务接待费	27				

续表

项目名称与编号			项目 1	项目 2	项目 3	……
商品和服务支出	专用材料费	28				
	被装购置费	29				
	专用燃料费	30				
	劳务费	31				
	委托业务费	32				
	工会经费	33				
	福利费	34				
	公务用车运行维护费	35				
	其他交通费用	36				
	税金及附加费用	37				
	其他商品和服务支出	38				
对个人和家庭的补助	小计	39				
	离休费	40				
	退休费	41				
	退职(役)费	42				
	抚恤金	43				
	生活补助	44				
	救济费	45				
	医疗费	46				
	助学金	47				
	奖励金	48				
	生产补贴	49				
	住房公积金	50				
	提租补贴	51				
	购房补贴	52				
	其他对个人和家庭的补助支出	53				

续表

项目名称与编号			项目 1	项目 2	项目 3	……
基本建设支出	小计	54				
	房屋建筑物购建	55				
	办公设备购置	56				
	专用设备购置	57				
	基础设施建设	58				
	大型修缮	59				
	信息网络及软件购置更新	60				
	物资储备	61				
	公务用车购置	62				
	其他交通工具购置	63				
	其他基本建设支出	64				
其他资本性支出	小计	65				
	房屋建筑物购建	66				
	办公设备购置	67				
	专用设备购置	68				
	基础设施建设	69				
	大型修缮	70				
	信息网络及软件购置更新	71				
	物资储备	72				
	土地补偿	73				
	安置补助	74				
	地上附着物和青苗补偿	75				
其他资本性支出	拆迁补偿	76				
	公务用车购置	77				
	其他交通工具购置	78				
	其他资本性支出	79				

续表

项目名称与编号			项目 1	项目 2	项目 3	……
对企事业单位的补贴	小计	80				
	企业政策性补贴	81				
	事业单位补贴	82				
	财政贴息	83				
	其他对企事业单位的补贴支出	84				
债务利息支出	小计	85				
	国内债务付息	86				
	向国家银行借款付息	87				
	其他国内借款付息	88				
	向国外政府借款付息	89				
	向国际组织借款付息	90				
	其他国外借款付息	91				
赠与	小计	92				
	对国内的赠与	93				
	对国外的赠与	94				
贷款转贷及产权参股	小计	95				
	国内贷款	96				
	产权参股	97				
	其他贷款转贷及产权参股支出	98				
其他支出		99				

参考文献

[1]中国共产党党务公开条例(试行). http://www.gov.cn.

[2]中共中央办公厅,国务院办公厅．领导干部报告个人有关事项规定．领导干部个人有关事项报告查核结果处理办法．http://www.gov.cn,2017—04—19.

[3]“中华人民共和国最高检察院”网站,http://www.spp.gov.cn.

[4]国务院. 2017 年政务公开工作要点. 中华人民共和国中央人民政府门户网站，http://www.gov.cn,2017—03—23.

[5]国务院. 中国政府门户网站绩效评估报告. 中华人民共和国商务部门户网站,http://www.mofcom.gov.cn，2017—03—28.

[6]国务院. 开展基层政务公开标准化规范化试点工作方案. 中华人民共和国中央人民政府门户网站，http://www.gov.cn,2017—05—09.

[7]国务院. 政府信息公开条例(修订草案征求意见稿). 中华人民共和国中央人民政府门户网站，http://www.gov.cn,2017—06—06.

[8]国务院. 机关团体建设楼堂馆所管理条例. 中华人民共和国中央人民政府门户网站，http://www.gov.cn,2017—10—05.

[9]国务院. 关于推进重大建设项目批准和实施领域政府信息公开的意见. 中华人民共和国中央人民政府门户网站，http://www.gov.cn,2017—12—15.

[10]民政部. 民政部彩票公益金项目督查办法(试行). 中华人民共和国民政部门户网站，http://www.mca.gov.cn,2017—06—12.

[11]民政部. 民政部彩票公益金使用管理信息公开办法(试行). 中华人民共和国民政部门户网站，http://www.mca.gov.cn,2017—06—12.

[12]中华人民共和国慈善法. 中华人民共和国中央人民政府门户网站,http://www.gov.cn,2016—03—16.

[13]北京市第四中级人民法院. 2016 年度行政案件司法审查报告. 中国法院门户网站，https://www.chinacourt.org,2017—04—27.

[14]上海财经大学公共政策研究中心．2017 中国财政透明度报告[M]. 上海:上海财经大学出版社,2017.

[15]中国社会科学院法学研究所．中国政务公开第三方评估报告[M]. 北京:中国社会科学出版社,2017.

[16]中国社会科学院法学研究所．法治蓝皮书·中国法院信息化发展报告 No.1(2017)[M]. 北京:社会科学文献出版社,2017.

[17]中国社会科学院法学研究所．中国地方法治发展报告(2017)[M]．北京：社会科学文献出版社，2017.

[18]中国社会科学院法学研究所．中国政府透明度指数报告(2016)[M]．北京：社会科学文献出版社，2017.

[19]中国社会科学院法学研究所．中国立法透明度指数报告(2017)[M]．北京：社会科学文献出版社，2017.

[20]清华公共经济、金融与治理研究中心财政透明度课题组．2016年中国市级政府财政透明度研究报告[EB/OL]. www. sppm. tsinghua. edu. cn/，2017－08－20.

[21]清华大学廉政与治理研究中心，中基透明指数，http：//fti. foundationcenter. org. cn/history. aspx.

[22]中国政法大学法治政府研究院．中国法治政府评估报(2017)[EB/OL]. http：//fzzfyjy. cupl. edu. cn，2017－09－26.

[23]中国政法大学环境资源法研究所．新《环境保护法》实施情况评估报告[EB/OL]. http：//news. cupl. edu. cn，2017－04－20.

[24]浙江大学公共政策研究院．政府网络透明度指数评估报告(2017)[EB/OL]. http：//www. ggzc. zju. edu. cn，2017.

[25]2016年全国饮用水水源水质大起底[EB/OL]. http：//www. h2o－china. com，2017－02－17.

[26]上海青悦．全国省级强制性清洁生产审核信息公开调研报告[EB/OL]. http：//www. epmap. org，2017－06－30.

[27]自然资源保护协会．2016－2017年度120城市污染源监管信息公开指数(PITI)[EB/OL]. http：//www. nrdc. cn，2017－09－07.

[28]“透明中国”网，http：//www. ogichina. org.

后　记

《2018 中国财政透明度报告》经过辛勤的孕育马上要与读者见面了。这是自 2009 年以来的第十部报告。每部报告的顺利完成都不仅凝聚着项目组成员的心血，而且有赖于多方的支持与帮助。

首先需要感谢的是上海财经大学原党委书记丛树海教授以及学校其他相关领导。他们自始至终对本项目的全过程给予高度关注和支持。丛教授的真知灼见经常会使项目组成员耳目一新，为项目研究增添新的观察和思考视角。

本项目的完成除了项目组成员的奉献和努力外，还有赖于以下学生的参与与支持。他们是：刘欢、路菲、沈梦蕊、夏菀青、张琴、成思昭、谭晓莹、盛玲玉、朱琨、陈笑、刘潋滟等。他们一丝不苟、认真负责的态度以及不怕吃苦、耐心搜索的精神感动着项目组每一位成员。

上海财经大学出版社为本项目报告的及时出版和不断完善给予了极大的支持，并做了大量辛勤的工作。

“中国财政透明度报告”项目是由高校、科研机构和政府部门通力合作进行的一项在我国具有开创性的调研活动，希冀它能继续为推动我国政府财政信息公开事业贡献绵薄之力。

“中国财政透明度报告”项目组

2018 年 10 月